西方生态社会主义思想研究

陶美庆 著

吉林大学出版社
·长春·

图书在版编目(CIP)数据

西方生态社会主义思想研究 / 陶美庆著. —长春：吉林大学出版社，2023.10
 ISBN 978-7-5768-2738-5

Ⅰ.①西… Ⅱ.①陶… Ⅲ.①生态社会主义－研究－西方国家 Ⅳ.①D091.6

中国国家版本馆 CIP 数据核字(2023)第 239250 号

书　　名：	西方生态社会主义思想研究
	XIFANG SHENGTAI SHEHUI ZHUYI SIXIANG YANGJIU
作　　者：	陶美庆
策划编辑：	黄国彬
责任编辑：	张维波
责任校对：	孙　琳
装帧设计：	姜　文
出版发行：	吉林大学出版社
社　　址：	长春市人民大街 4059 号
邮政编码：	130021
发行电话：	0431－89580036/58
网　　址：	http://www.jlup.com.cn
电子邮箱：	jldxcbs@sina.com
印　　刷：	天津鑫恒彩印刷有限公司
开　　本：	787mm×1092mm　1/16
印　　张：	11
字　　数：	170 千字
版　　次：	2025 年 1 月　第 1 版
印　　次：	2025 年 1 月　第 1 次
书　　号：	ISBN 978-7-5768-2738-5
定　　价：	58.00 元

版权所有　翻印必究

导　言

20世纪中后期以来，西方资本主义国家在经历了几十年的快速发展后，给世界带来影响恶劣的生态灾难，全球经济危机与生态危机相互交织、日益严峻，世界性的生态运动频频发生。20世纪70年代开始，西方资本主义社会涌现出了一股致力于解释当代生态危机的生态社会主义思潮，开启了历史唯物主义的生态视域研究。20世纪80年代到90年代，正值生态社会主义思潮逐步走向成熟和迎来高潮的时期，生态社会主义思潮进入了国内学者的视野。21世纪以来，尤其2008年金融危机爆发以来，国内学界结合全球日益严峻的生态环境问题与中国社会主义生态文明建设的具体实际，进一步强化了对生态社会主义领域的研究，拓展了该领域研究的广度和深度，呈现出一派繁荣景象。

一是研究对象更加丰富和立体。20世纪70年代以来，在生态社会主义发展的不同历史时期，西方国家涌现出了大量生态社会主义者。威廉·莱斯、本·阿格尔、安德烈·高兹、瑞纳·格伦德曼、詹姆斯·奥康纳、乔纳森·休斯、戴维·佩珀、约翰·贝拉米·福斯特、保罗·伯格特、乔尔·科威尔、萨拉·萨卡等学者都是西方生态社会主义的代表性人物。他们虽然从不同的理论基础出发，但却共同指向了资本主义的反生态性，共同思考人类社会的美好未来。随着国内学界对生态社会主义关注度的提升，生态社会主义研究领域的开创性工作不断推进，威廉·莱斯、本·阿格尔、安德烈·高兹、瑞纳·格伦德曼、詹姆斯·奥康纳等学者主要著作的中译本相继问世，围绕这些学者的生态社会主义思想研究，成为国内学界生态社会主义研究的主要方向。进入21世纪以来，国内对生态社会主义学者论著的翻译范围越来越广，数量越来越大。越来越多西方学者的生态社会主义思想进入研究视野，使得生态社会主义研究更加丰富和立体。

二是研究内容更注重整体性和现实指向性。国内学界通过本·阿格尔的经典著作《西方马克思主义概论》，开始关注生态学马克思主义及其理论主张——生态社会主义。王谨是较早对生态社会主义思潮进行评介的国内学者，他在《教学与研究》上发表的《"生态学马克思主义"和"生态社会主义"——评介绿色运动引发的两种思潮》一文是国内学界在该领域研究的奠基之作。1991年，阿格尔的《西方马克思主义概论》中译本在中国人民大学出版社出版，这也是迄今为止国内较早翻译出版的一部生态社会主义著作，一直到今天仍被视作生态社会主义研究领域的重要参考文献。20世纪80年代末90年代初，东欧剧变、苏联解体，生态社会主义研究从对资本主义的生态批判拓展到对传统社会主义的生态反思与批判，这一重大变化引发了国内学者对生态社会主义研究领域的持续关注。20世纪80年代末到90年代末，是生态社会主义研究的酝酿期，国内学者持续跟踪但成果较少。伴随国外生态社会主义思潮研究进入成熟期，国内学术界也逐步掀起了对生态社会主义的研究热潮。

进入21世纪以来，国内学者在研究之初通过翻译、评述相关论著和人物思想的方式，逐步将这一理论思潮和实践运动呈现出来，主要集中在代表性人物经典著作的翻译、代表性人物思想观点的个别研究。在陆续完成这些学术奠基工作的过程中，国内学者不断完善了关于生态社会主义的传统议题，相对明晰了生态社会主义的研究边界，理顺了生态社会主义的发展阶段，基本达成了生态社会主义基础问题的研究共识。对于这些基础性、关键性问题的共识，构成了开展深入研究的理论基础。随着西方生态社会主义思想代表性论著的翻译出版，国内生态社会主义思想研究开始注重建构性和创新性。一方面是在生态社会主义人物思想研究的基本范式基础上，建立生态社会主义思想研究整体范式，通过构建生态社会主义研究领域的群像窥探生态社会主义思想的整体样态。究格局上由单纯的理论思辨向理论与现实并重转向。其一是对生态社会主义坚持的重要实践原则——社会运动与环境运动相结合的关切，思考社会运动与环境运动相融合、社会主义者与环境主义者联盟的必要性与可行性；其二是针对全球气候变化、粮食安全、生物安全等当今世界各国普遍关注的、关系人类命运的重要议题，思考世界怎么了、人类向何处去。国内生态社会主义思想研究深入挖掘生态社会主义思想的现实意义，并将其转化为观照人类前途命运的中国智慧、中国方案，极具现实指向性。

三是研究方法更加多样化。国内学者对生态社会主义思想的研究注重文献研究法、比较研究法等基础性研究方法。实际上，还有一些研究方法，如学科交叉研究法、案例分析法等早已体现在生态社会主义者的经典著作中。许多生态社会主义者都是具有交叉学科背景的，他们也习惯于运用具体案例佐证理论分析，这些方法散见于他们的生态社会主义著作中。所以，随着国内学者研究的深入，这些方法也逐渐运用在对这些思想的深入理解和分析中。

本书就是在国内生态社会主义研究进入高潮阶段这个背景下撰写出来的，这一领域的研究是时代之需，也是国外马克思主义学科前沿问题研究之要。本书以西方生态社会主义思想为研究方向，在已有研究内容、研究框架、研究逻辑、研究特色、研究方法的前提下坚持守正创新，在遵循"批判—构建"的基本研究逻辑的基础上，打破原有人物思想群像研究擅长的人物思想的并列组合、各成体系，从不同西方生态社会主义思想中找到理论共契和价值共契，重新搭建西方生态社会主义思想研究的理论框架。

本书的正文部分共由五章内容构成。本书以世界百年未有之大变局下整个人类面临的生态危机为背景，以西方生态社会主义者所发表的论著及相关思想评析为基础，在历史唯物主义视域下，运用文献研究法、比较研究法、案例分析法、学科交叉研究法等研究方法，以界定生态社会主义的理论边界、梳理西方生态社会主义的生成语境为重要依托，系统阐释西方生态社会主义者对资本主义的生态批判、对苏联社会主义模式的生态批判。在批判中描绘西方生态社会主义者关于未来社会的理想样态，最终形成生态社会主义社会的理想蓝图。

目 录

第一章 生态社会主义的理论定位 …………………………………（1）

    第一节 生态社会主义的定义域 ……………………………（1）

    第二节 生态社会主义的论域 ………………………………（14）

第二章 西方生态社会主义思想的生成语境 ……………………（21）

    第一节 西方生态社会主义思想生成的社会背景 …………（22）

    第二节 西方生态社会主义思想生成的理论渊源 …………（29）

    第三节 西方生态社会主义思想的发展轨迹 ………………（39）

第三章 西方生态社会主义对资本主义的生态批判 ……………（46）

    第一节 经济危机与生态危机 ………………………………（47）

    第二节 资本逻辑的反生态本性 ……………………………（49）

    第三节 生态帝国主义批判 …………………………………（70）

    第四节 生态资本主义的幻想 ………………………………（77）

第四章 西方生态社会主义对苏联社会主义模式的生态批判
    …………………………………………………………………（85）

    第一节 苏联社会主义模式与生态困境 ……………………（86）

    第二节 将经济理性奉为圭臬而忽视了生态理性 …………（97）

    第三节　粗放型经济增长模式遭遇增长极限 …………………（99）
    第四节　新阶级的产生与苏联社会的道德沦丧 ……………（117）
    第五节　苏联政治经济民主传统的缺失 ……………………（125）

第五章　西方生态社会主义对未来社会的构想 …………………（130）
    第一节　生态社会主义何以可能 ……………………………（131）
    第二节　生态社会主义社会建构的基本原则 ………………（137）
    第三节　西方生态社会主义对未来社会的构想 ……………（147）

结　语 ………………………………………………………………（156）

参考文献 ……………………………………………………………（159）

第一章　生态社会主义的理论定位

生态社会主义是当代西方社会批判资本主义的一支重要力量。生态社会主义思想研究有助于我们分析当代资本主义的走势，坚定社会主义发展方向。由于生态社会主义思潮的不断更迭且国内学者此方面研究起步较晚，导致较多学者关注生态社会主义代表人物个体思想的研究，忽视了从总体意义上的把握，尤其是对生态社会主义的理论定位进行探讨，而这恰好是对生态社会主义思想进行分析与阐释的重要前提。

第一节　生态社会主义的定义域

生态社会主义的定义域问题既是进行生态社会主义研究的首要问题，也是生态社会主义研究领域的难点问题。从生态社会主义诞生到走进大众视野，其内部就一直存在理论张力。生态社会主义内部对历史唯物主义的生态意蕴的争论，生态中心主义还是人类中心主义之辩，实现生态社会主义的依靠力量和实现形式的不同思考，构成了生态社会主义内部的理论分野。什么是生态社会主义？哪些理论成果属于生态社会主义思想的范畴？与生态社会主义看似相近且关联密切的理论，如生态学马克思主义、生态主义、科学社会主义，与生态社会主义之间到底存在着哪些区别和联系？这些困惑是进入该研究领域的研究者应该首先思考且容易混淆的重要问题，如果不能厘清这些问题，那么将很难开展进一步的研究。因此，必须要直面这些棘手的问题，对这些问题的回应，需要将生态社会主义与生态学马克思主义、生态主义、科学社会主义在比较分析中加以阐明，进而厘清生态社会主义的边界。

一、生态社会主义与生态学马克思主义

最先将生态学马克思主义和生态社会主义思想介绍到中国的是学者王谨，他在1986年发表的《"生态学马克思主义"和"生态社会主义"——评介绿色运动引发的两种思潮》一文引发了国内学者对于二者关系的热烈讨论。有的学者认为二者是不同的两个概念，有的学者认为二者是一致的，有的学者则认为二者具有包含的关系且呈阶段性发展的特点。笔者认为，生态社会主义与生态学马克思主义的确是既相区别又相联系的。

生态社会主义与生态学马克思主义从诞生之日起就相互交织。由于生态社会主义与生态学马克思主义产生的时代背景、实践基础和理论来源上有很多的相似之处，因此，国内有些学者认为二者是同一概念的不同表述而已，因而在论著中模糊了生态社会主义和生态学马克思主义的区别，将其当成可以相互替代的概念，甚至在文章中直接指明生态社会主义就是生态学马克思主义。但是，大多数学者承认生态社会主义与生态学马克思主义或生态马克思主义之间存在差别：王谨认为："'生态学马克思主义'是绿色运动所引发的第一种思潮，由北美西方马克思主义者所提出。它的基本出发点是用生态学理论去'补充'马克思主义，企图为发达资本主义国家的人民找到一条既能消除生态危机又能走向社会主义的道路。"[①]王谨还指出："'生态社会主义'是绿色运动所引发的第二种思潮。以联邦德国绿党为代表的欧洲绿色运动直接提出来的'生态社会主义'是欧洲绿党的行动纲领。"[②]较早开展生态社会主义研究的学者樊至光也认为，从严格意义上说，"生态学马克思主义"和"生态社会主义"并不是一回事，其判定的标准在于生态学马克思主义和生态社会主义在理论和实践问题上的不同侧重。生态学马克思主义侧重对马克思主义生态思想

---

① 王谨."生态学马克思主义"和"生态社会主义"——评介绿色运动引发的两种思潮[J].教学与研究，1986(6)：4.
② 王谨."生态学马克思主义"和"生态社会主义"——评介绿色运动引发的两种思潮[J].教学与研究，1986(6)：42.

的阐释与重构，注重理论性，而生态社会主义则基于资本主义生态批判，探索生态社会主义的图景构建，注重实践性。刘仁胜也思辨地指出，生态学马克思主义必然指向生态社会主义，而生态社会主义则不必然源于生态学马克思主义。郇庆治认为，广义的生态社会主义研究可以概括为三个密切关联的组成部分：生态学马克思主义、生态社会主义（狭义）和"红绿"政治运动理论。[①] 即是说，从概念的外延上来看，广义的生态社会主义包括生态学马克思主义，生态学马克思主义是生态社会主义研究的主要理论基础。

概括而论，由于生态学马克思主义和生态社会主义诞生较晚，国内学者对二者的研究还处于个体理论研究阶段，较少对生态学马克思主义和生态社会主义本身的概念进行一致定论。对生态社会主义和生态学马克思主义的概念的内涵和外延理解的不同，导致部分学者将生态学马克思主义与狭义的生态社会主义进行比较，有的则是将生态学马克思主义与广义的生态社会主义进行比较。从30多年来国内学者对生态学马克思主义和生态社会主义研究成果的分析可知，厘清生态学马克思主义与生态社会主义的关系需要科学认识马克思主义世界观和方法论对生态社会主义思想的形成产生的作用。

二、生态社会主义与生态主义

伴随工业文明的发展，全球生态危机凸显。现代环境运动逐渐高涨，人们在高涨的生态运动中重新思考人与自然的关系，逐渐形成了生态主义。20世纪六七十年代罗马俱乐部的诞生见证着西方生态运动的崛起，罗马俱乐部《增长的极限》报告对工业主义及其后果进行的揭露与批判，在人类历史上第一次敲响了全球生态危机的警钟，只是这种批判只停留于所造成后果的表层批判，未深入实质分析。20世纪80年代生态运动蓬勃发展，这一时期在现象批判的基础上开始展开技术理性批判，"如何对待技术进步"成为"深绿派"与"浅绿派"争论的焦点，但却又将矛头一致指向"人类中心主义"。20世纪90年代以来，绿党因苏联的解体、冷战结束而产生分野，分化为"红色绿党"和"绿色绿党"两大阵营，生态运动内部产生了生态社会主义和生态主义两种政治主

---

① 郇庆治. 西方生态社会主义研究述评[J]. 马克思主义与现实，2005(04)：89-96.

张、价值取向各异的思潮。

资源枯竭、气候变暖等问题使人们认识到生态危机的到来，人们考虑的不再是生态危机的真实性而是如何克服生态危机。"毫无疑问，生态主义是当今世界各种政治思潮中公约数最大的，目前已经几乎听不到有人公开质疑生态环境保护与善治的重要性，因而已经在相当程度上变成了一种政治正确。"① 深生态学是生态主义的极端理论形态，也是生态中心主义思想植根的土壤，它与浅生态学相对立，认为应该把整个生物圈乃至宇宙看成一个生态系统，即倡导生态整体主义，人类只是这个整体的一部分。深生态学拒斥人类中心主义，是一种反对人类中心主义价值观的生态中心主义。

生态社会主义在生态主义的基础上将"红色"与"绿色"相结合，既坚持对资本主义制度引发生态危机的批判，也主张运用社会主义理论探讨解决生态危机的实践路径，畅想未来生态社会主义社会的理想模型。作为一种政治理论思潮的生态主义和作为一种生态政治学思潮的生态社会主义，其主要内容的内在逻辑都是围绕着"解构—建构"展开的，即对引发生态问题的政治学因素进行生态批判，绘就未来社会的理想图景以及实现这种的图景的依靠力量和具体路径的分析。生态主义和生态社会主义对未来社会的生态关怀是一致的，但就内在政治逻辑与未来的政治构想而言，二者有着明显的区别。郇庆治教授认为，强调生态独立价值的"深绿"思潮，如生态中心主义、生命中心主义、生物中心主义等，其未来政治想象一定是生态自治主义或生态无政府主义，以及生态公社或生态基层自治社区。而代表"浅绿"思潮的生态资本主义或绿色资本主义，试图把市场经济原则扩展应用于各种形式的物质资源，尤其是自然生态，进而信奉和设想在现行的资本主义制度框架下，克服或至少实质性地缓和人类目前所面临的生态环境挑战。代表"红绿"思潮的生态社会主义则与生态主义不同，它遵循马克思主义的唯物史观分析和社会主义的愿景，设想并提出相应的政治要求与主张。②

---

① 郇庆治. 生态主义及其对现实世界政治的影响[J]. 世界政治研究，2022，5(01)：27.
② 郇庆治. 生态主义及其对现实世界政治的影响[J]. 世界政治研究，2022，5(01)：30.

1. 人类中心主义和生态中心主义的对立

生态中心主义的提出是人类生态意识的觉醒，是反思人与自然关系新的理论视域。生态中心主义聚焦于人与自然之间的关系，贯穿着深生态学的价值原则，承认生态系统整体性与内在价值，强调自然的地位高于一切，认为人只是自然共同体的普通一员，放逐了人的社会性本质。正如美国学者奥尔多·利奥波德所说："事实上，人只是生物队伍中的一员的事实，为有历史的生态学所证实。"[①]尽管生态中心主义的提出是对人与自然关系失衡的传统人类中心主义的警示与批判，在生态危机愈发深重的时代提供了新的理论武器，但生态中心主义忽视了人类中心主义发展的阶段性特征，过分强调自然作为客体的优先性和规律性，是对以人为尺度的价值论的全面否定，忽视了"人"才是生态保护的目的。人与自然的不可分割也使得生态中心主义者在判断人以外的生命和地球生物圈的价值的任何实践中，都会陷入困境。尽管如此，生态中心论也因其激进的立场左右了生态社会主义者对人与自然关系的思考，部分生态社会主义者曾一度摇摆于生态中心主义和人类中心主义之间。

马克思在《1844年经济学哲学手稿》中指出："被抽象地理解的、自为的、被确定为与人分隔开的自然界，对人说来也是无。"[②]自然只有作为人类的对象性存在才有意义，而人们只有在认识自然、改造自然的劳动中体现人区别于动物的主观能动性。所以，现实中的人应是"一切社会关系的总和"，应该是作为在现实生活中从事实践活动的人，有生命的、自然的人，人的尺度不应被抛弃。"人是万物的尺度""从人的'理念'出发""人是目的""人是自然的最高立法者"的哲学命题是对人类中心主义思想的合理性阐释。马克思在《1844年经济学哲学手稿》中明确指出："人不仅仅是自然存在物，而且是人的自然存在物，就是说，是自为地存在着的存在物，因而是类存在物"。[③] 明确说明人是"自然存在物"和"社会存在物"的统一。"人以自身的活动来中介、调整和控制人与自然之间的物质变换"的本质是顺应自然规律、满足人类本性需要的实践。同时，人对自然的能动改造，不仅表现为在正确认识、顺应客观规律基

---

① 奥尔多·利奥波德. 沙乡年鉴[M]. 长春: 吉林人民出版社, 1997: 195.
② 马克思恩格斯文集(第1卷)[M]. 北京: 人民出版社, 2009: 220.
③ 马克思恩格斯全集(第3卷)[M]. 北京: 人民出版社, 2002: 326.

础上改造生存环境，也表现为确定人类对自然界改造的合理限度，只有坚持生态系统与社会系统相统一，才能达到保护自然环境的目的。因此，人类的生产活动是可以实现满足自身需要与保护环境的统一的。

20世纪90年代以后，生态社会主义者倡导重返人类中心主义，认为生态问题并非人对自然的支配导致的，不应放弃"人类尺度"。生态社会主义者戴维·佩珀在他的代表作《生态社会主义：从深生态学到社会正义》中，就这一问题发表了自己的观点："生态社会主义是人类中心主义（不过不是资本主义技术中心主义意义上的人类中心主义）和人道主义。它反对生物道德论和自然神秘论以及由它们所导致的任何各种可能的反人道主义体制。它强调人类精神的满足有赖于与其他自然物的非物质性的交往。人并不是一种污染源，他既不是生来就是傲慢、贪婪、好斗、富有侵略性，也不是生来就具有其他的种种野蛮性。如果人沾染上这些的话，那也并不是不可改变的遗传因素或原罪所致，而是流行的社会经济制度造成的。"[①]资本主义生态危机就是资本主义对待自然方式引起的，因此，批判的对象不应落在人类中心主义本身，而应该是人类中心主义的资本主义形式——技术中心主义。

无论是传统人类中心主义还是生态中心主义，二者均受到"'增长—退化''发展—反发展'的二元论架构"的影响，这种纯数量的生产力概念使得他们在致力于解决生态危机的认识中走向极端。生态社会主义者对重返生态中心主义的探索，即对现代人类中心主义的推崇，致力于构建具有生态维度的理性的人类中心主义，是对传统人类中心主义的扬弃。

2. 社会主义和无政府主义的对立

激进的绿色政治认为，"这种被大量注入了无政府主义的政治必然地和主要地是'社会主义的'"[②]，对于这一激进的绿色政治的普遍信念的辩驳是困难的，困难之处在于需要随时区分不同的社会主义者和无政府主义者。本书主要针对"红色绿党"和"绿色绿党"两大阵营，阐明二者在政治观上的差异。这

---

① [美]戴维·佩珀. 生态社会主义：从深生态学到社会正义[M]. 刘颖，译. 济南：山东大学出版社，2012：232-233.
② [美]戴维·佩珀. 生态社会主义：从深生态学到社会正义[M]. 刘颖，译. 济南：山东大学出版社，2012：251.

种差异是明显的，主要体现在"红色绿党"充分吸纳了马克思主义思想，以建立生态社会主义社会为理论旨归，"绿色绿党"则更多地吸纳了无政府主义思想，从总体上否定阶级政治，否定一切形式的国家，旨在绕过国家建立生态自治主义或生态无政府主义、生态公社或生态基层自治社区等小规模的、专门绿色合作社。社会主义和绿色无政府主义之间可以说有一些相似性，但他们之间存在的鸿沟并不容易跨越。

社会主义和无政府主义在社会经济组织上观点一致，但在政治组织和手段上有所区别，这种区别主要体现在对社会不公正和环境恶化根本原因的断定上。社会主义认为是阶级剥削引起的社会不公正和环境退化，且阶级由经济标准界定；无政府主义认为其是由人们之间的权力关系——等级制和支配关系引起的，且阶级除了由经济标准界定之外，也由种族、性别等非经济标准界定。"在当代政治哲学的话语中，政治合法性论证的危机使无政府主义对公民自由和国家权威的批判与思考被重新提起"[①]，为同时期绿色政治构想提供了思想来源。生态自治主义者默里·布克金将所有形式的等级制作为其中心议题，在他的著作《自由生态学：等级制的出现与消解》中分析了等级制产生前后人与自然关系的变化，得出等级制是环境问题的根源。布克金认为，史前社会人与人之间并不存在等级观念，虽分工不同，但相互依存，十分和谐；人与自然的关系也同样如此，"人们并不把自己视作'万物之灵'（借用基督教太平盛世主义者的术语），而是作为自然的一部分。人类既不高于也不低于自然，而是处在其中"[②]。在有机社会中，"人类和生命与非生命现象的自然万物之间的差异，被视为一种'差异中的统一性'或'多样性中的统一性'（黑格尔的术语），而不是等级制。"[③]然而，随着有机社会解体为等级制的、阶级和政治的社会，造成了阶级之间的统治与剥削，这种统治与剥削不仅存在于人与人之间，也随之延伸至人与自然的关系中，人类开始向自然宣战，不断征服自然的现象由此生发。

---

① 谭杰，段小松.当代西方无政府主义的思想逻辑[J].当代世界社会主义问题，2010(01)：28.
② ［美］默里·布克金.自由生态学：等级制的出现与消解[M].郇庆治，译.济南：山东大学出版社，2012：1982年版导言，4-5.
③ ［美］默里·布克金.自由生态学：等级制的出现与消解[M].郇庆治，译.济南：山东大学出版社，2012：1982年版导言，5.

罗素认为，社会主义的解释和分析都是历史的，虽然对国家采取模糊态度，但至少支持地方化的国家形式，而无政府主义的解释和分析往往与历史无关并且完全反对国家形式。社会主义认为资本主义创造了国家，国家是资产阶级的代理人和保护者，所以，废除资本主义后，集权化国家才将消失。而无政府主义认为是国家创造了资本主义，应该首先废除国家，把废除国家作为废除资本主义的一个独立行动。无政府主义的代表人物巴枯宁认为，正是国家创造了资本，资本家仅仅由于国家的恩惠拥有他的资本，因此，既然国家是主要的罪恶，如果国家被消除掉，那么资本主义将随后自行灭亡。

无政府主义者和社会主义者虽然都渴望革命性变革，但在革命变革的战略上却依然各持己见。社会主义者强调集体和政治行动的力量，认为工人阶级是社会变革中的主要行为者。相比之下，包括布克金在内的无政府主义者则几乎抛弃了他们过去的工联主义思想并且鄙视"工人崇拜"。

三、生态社会主义与科学社会主义

马克思在1874—1875年初写的《巴枯宁〈国家制度和无政府状态〉一书摘要》中最早使用了"科学社会主义"一词。科学社会主义是马克思恩格斯运用历史唯物主义方法，通过对资本主义生产方式矛盾运动的分析而构建的关于社会主义必然代替资本主义的客观规律的科学体系，为生态社会主义者分析社会历史现象、批判资本主义制度、构想未来社会图景提供了方法论指导。生态社会主义是在科学社会主义的启发下形成的一种社会主义思想，二者带有极强关联性的同时，也因生态社会主义和科学社会主义思想渊源的不同而导致二者之间的异质性，这种异质性就体现在生态社会主义对科学社会主义理论本质的偏离。

1. 对资本主义基本矛盾认识的侧重点不同

人类社会发展的基本矛盾就是生产力与生产关系的矛盾，不同的社会形态的表现不同。在资本主义社会中，就表现为生产社会化与生产资料私人占有之间的矛盾，在这一基本矛盾之下的商品的价值与使用价值、具体劳动与抽象劳动等的分离和对立导致立足于资本主义的有限的消费范围和不断力图突破自己固有限制的生产之间，必然产生矛盾。因此，"即使资本主义生产是迄今为止一切生产方式中最有生产效力的,但它由于自身的对立性质而包含着生产的界限,它总是力求超出这些界限,由此就产生危机,生产过剩等等。"①2016年5月17日,习近平总书记在哲学社会科学工作座谈会上指出,"有人说,马克思主义政治经济学过时了,《资本论》过时了。这个说法是武断的。远的不说,就从国际金融危机看,许多西方国家经济持续低迷、两极分化加剧、社会矛盾加深,说明资本主义固有的生产社会化和生产资料私人占有之间的矛盾依然存在,但表现形式、存在特点有所不同。"②习近平总书记的这番话例证了马克思主义经典作家关于资本主义社会基本矛盾理论的强大生命力。马克思主义经典作家对资本主义基本矛盾分析预示了资本主义必然灭亡的历史趋势,敲响了资本主义私有制的丧钟。

生态社会主义者在历史唯物主义视域下延展了马克思主义经典作家对资本主义基本矛盾的分析,指出了资本主义生产关系(及生产力)与资本主义生产的条件之间的矛盾,从生态批判的视角展开了对资本主义"控制自然"的意识形态批判、资本逻辑的反生态性及技术异化批判、消费异化批判等,着力消解人与自然、社会与自然的对立。

"控制自然"本身从一定意义上看,有将人从自然的束缚中解脱,以实现人的物质需要,进而实现人的自由解放、推动人类文明发展的积极作用。但当"控制自然"为资产阶级所利用,成为资产阶级的意识形态时则不可控地走向反面。莱斯对资本主义的生态批判侧重对资本主义"控制自然"的意识形态即资本主义价值文化的批判。莱斯认为,资产阶级"控制自然"的意识形态深受自由主义、个人主义的影响,资产阶级对个人私利的无限追求将社会与自然完全对立,形成"自然的工具性"认识,认为自然只是资本主义追求价值目标的工具。同时,莱斯进一步揭示了控制自然与控制人的内在逻辑,深刻指出作为资本主义意识形态的"控制自然"实质是控制人。"控制自然"观念在资本主义价值文化的掌控下,不但未能实现人的自由和解放,反而形成控制人的后果。因此,在莱斯看来,资本主义"控制自然"意识形态充分彰显了资本

---

① 马克思恩格斯选集(第2卷)[M]. 北京:人民出版社,2012:843.
② 习近平. 在哲学社会科学工作座谈会上的讲话[M]. 北京:人民出版社,2016:14.

逻辑的剥削本质,从对人的剥削延伸至对自然和人的双重剥削。

奥康纳认为,马克思关注和重视自然系统在资本的生产和流通过程中发挥的重要作用,曾暗示生产条件或"自然条件"的"歉收"会引发经济危机,也相信资本降低了自然的价值,但马克思并没有将诸多因素统一起来探讨生态问题的鲜明阶级性。和传统马克思主义者注重劳动过程,着重分析资本主义生产力和生产关系的矛盾运动以及由此带来的经济危机不同,生态社会主义理论的出发点是分析资本主义生产力、生产关系与其生产条件之间的矛盾以及由此带来的生态危机。在马克思所提出的对生产条件三种不同类型界定的基础上,奥康纳提出资本主义"双重矛盾"和"双重危机"理论。奥康纳认为,第一重矛盾是传统马克思主义所揭示的资本主义的生产力与生产关系之间的矛盾,这一矛盾运动会因需求不足而导致生产过剩的经济危机。第二重矛盾则是资本主义生产关系(以及生产力)与生产条件之间的矛盾,奥康纳认为,当"个体资本为了维持或恢复利润而降低成本——譬如,当它们把成本外化到生产条件(自然界、劳动力、城市)上面去的时候,其意想不到的后果是抬高其他资本的成本(最起码是抬高了资本总体的成本),由此,生产性利润就会降低"①。资本主义追求经济增长的无限性与自然资源的有限性之间存在着激烈矛盾,进而引发生态危机。资本主义所面临的不仅是市场需求的疲软,还有自然资源短缺所造成的成本上升,经济危机与生态危机相互交织。所以,奥康纳并未用第二重矛盾否定第一重矛盾,认为资本主义同时面临着第一重和第二重的矛盾的影响。

2. 革命力量倾向不同

马克思、恩格斯对于革命力量和革命方式的认识,是在深入的理论分析与积极参与革命实践的过程中形成的。在革命力量的选择上,马克思、恩格斯在《共产党宣言》指出,"在当前同资产阶级对立的一切阶级中,只有无产阶级是真正革命的阶级。其余的阶级都随着大工业的发展而日趋没落和灭亡,无产阶级却是大工业本身的产物。"②马克思、恩格斯深刻揭示了无产阶级作为

---

① [美]詹姆斯·奥康纳. 自然的理由:生态学马克思主义研究[M]. 唐正东,臧佩洪,译. 南京:南京大学出版社,2003:284.
② 马克思恩格斯选集(第1卷)[M]. 北京:人民出版社,2012:410-411.

资本主义的掘墓人的历史地位和伟大历史使命,"无产阶级将利用自己的政治统治,一步一步地夺取资产阶级的全部资本,把一切生产工具集中在国家即组织成为统治阶级的无产阶级手里,并且尽可能快地增加生产力的总量。"[1]

生态社会主义则继承了马尔库塞对二战后工人阶级历史地位和政治态度的观点。马尔库塞提出"无产阶级概念已经过时""劳动价值论和剩余价值学说的过时""生产力论的过时""社会主义概念的过时"等针对马克思主义及其科学社会主义学说的观点,认为马克思主义及其科学社会主义学说无视理论与现实之间不断扩大的鸿沟,已经过时了。在看到"这些掘墓人同这一地球上生活在痛苦、匮乏之中的那些可诅咒的人可能有着完全不同的面目"[2]的时候,马尔库塞认为,"社会主义不再是对资本主义的某种否定"[3]。20世纪80年代末90年代初,在东欧剧变、苏联解体,世界社会主义遭遇到严重挫折,历史终结论甚嚣尘上的危急时刻,马尔库塞却坚定认为社会主义才是他心中的理想社会。对于实现社会主义的新的革命力量,马尔库塞认为这样的力量必然由没有被单向度的社会完全同化的、还具有批判和否定意识的,能够对现代社会说"不"的那些人组成,他认为这其中包括两种人,一是受现代资本主义奴役的第三世界的无产阶级;二是发达工业社会内部的反对者——"新左派"。

基于以上背景,生态社会主义认为,在现代资本主义社会,工人阶级的物质生活相对过去得到极大改善,伴随社会地位和民主权利的相对提升,工人阶级已然滋生出倾向于资本主义意识形态的认同感。并且,"现代信息革命已经开启了工作的解放,有两个层面:越来越多的物质组织和生产化活动所需的工人被边缘化;工作中劳动不再是物质和劳动者之间直接接触,商品的生产不再是独立自主的直接个体的劳动的结果。"[4]因此,尽管工人阶级仍具有强烈的革命性且应该是重要的革命力量,但这种革命性已然不能匹配马克思、恩格斯所赋予其的资本主义掘墓人的历史地位,工人阶级失去了彻底的革命性和批判性。生态社会主义对什么样的阶级能够完成实现社会主义重要使命

---

[1] 马克思恩格斯选集(第1卷)[M].北京:人民出版社,2012:421.
[2] [美]马尔库塞.工业社会和新左派[M].任立,译.北京:商务印书馆,1982:126.
[3] [美]马尔库塞.工业社会和新左派[M].任立,译.北京:商务印书馆,1982:83.
[4] André Gorz. Paths to Paradise[M]. London:Pluto Press,1985:33.

的时代命题有着一致的见解,即一定是与资本主义没有共同利益,受到生态的和资本主义的双重压迫,具有反对资本主义的强烈愿望的阶级。生态社会主义者受马尔库塞的影响不断寻找除无产阶级以外新的革命主体,但马尔库塞本人在晚年却认为真正革命的阶级只能是无产阶级。马尔库塞认为,社会制度的彻底变革还取决于构成生产工厂中的基本力量的阶级,体现在发达资本主义国家中,就是工人阶级,新的革命主体——"新左派"的反抗运动也只有获得工人阶级的支持,才能取得成功,肯定了无产阶级巨大的革命力量。生态社会主义者所认为的工人阶级的新变化对其革命主体性的改变并未触及无产阶级的境遇实质,而只是对无产阶级过去的悲惨境遇与现在境况相比较,并未从横向上将现代社会的无产阶级与资产阶级相比较。

20世纪五六十年代,凯恩斯提出了有效需求与经济危机的内在关系问题,凯恩斯认为,经济危机的基本特征就是生产过剩,而生产过剩的原因在于需求不足,只有保证有效需求,才能避免资本主义生产过剩所导致的经济危机。在此基础上,西方国家普遍建立了相对完善的社会保障制度,以保证资本主义生产方式持续运转。因此,确实存在无产阶级生活水平的相对提升。但是,进入20世纪70年代以后,凯恩斯主义对保证有效需求的呼吁被新自由主义的"让经济回归市场"取代。可以说,资本主义生产方式的本质和本性不会改变,无论是对凯恩斯主义的追捧还是对新自由主义的认同,其本质都在于追逐利益,而不在于无产阶级如何提高生活水平。西方社会贫富差距逐渐拉大和资本主义世界工厂对发展中国家劳动人民的剥削和压榨,已经证明无产阶级并未改变被资产阶级剥削和奴役的命运,无产阶级仍具有最彻底的革命性。

3. 革命方式选择不同

科学社会主义第一次科学地阐明阶级斗争是阶级社会发展的直接动力,无产阶级的暴力革命是推翻资本主义的唯一途径,只有推翻资本主义才能解决资本主义的一切固有矛盾。无产阶级作为最彻底的革命力量,必须进行武装斗争夺取政权。

在革命方式的选择上,生态社会主义者认为,相较于议会活动等快捷、高效、环保的夺取政权的方式,暴力革命并不是很好的选择。生态社会主义者普遍坚持以"非暴力"原则作为解决生态危机的基本原则。阿格尔认为,"在

第一章 生态社会主义的理论定位

面对马克思完全没有预见到的大规模的社会变革的情况下,继续坚持把阶级斗争方式固定化只是一种较空想的战略:不能把动力危机与阶级实践的政治解放理论统一起来恰恰是一种空想"[①]。阿格尔所指的可以预见到的大规模的社会变革体现在两个方面,一是革命主体的消失,二是资本主义社会的经济危机已经转化为生态危机。革命主体的消失使大规模的暴力革命表现出了不可能性,而资本主义社会危机的转化则使得马克思所提出的暴力革命方式已经不再适合资本主义的垄断发展阶段。伴随生态社会主义理论的趋于成熟,生态社会主义部分学者又要返回暴力革命,他们认为非暴力革命既没有触碰到资本主义制度的根基,也没有推翻资本主义国家机器,反而耗费人力和财力,造成巨大浪费。

因此,尽管生态社会主义与科学社会主义有着某种联系,但它们在革命道路的选择、所依靠的政治力量和阶级力量、对未来社会的构想方面都存在明显差异。生态社会主义运动不能称作真正的社会主义运动,其斗争锋芒并非针对资本主义制度本身,也不支持各国共产党,而只是反对资本主义发展中诸如对自然资源的掠夺、向发展中国家转嫁生态危机等弊端。它不是科学意义上的社会主义,在本质上不同于科学社会主义。因此,尽管生态社会主义经过几十年的发展,已经成为当代西方马克思主义中一个具有强大生命力的重要思潮,但生态社会主义理论渊源的复杂性和理论构想的空想性都决定了它不可能超越科学社会主义。

总而言之,从广义的角度来看,生态社会主义范畴较广,因此,为了明确本书研究内容的边界,有必要对生态社会主义研究范畴加以限制和说明。本书是对狭义概念上的生态社会主义展开的具体研究,狭义的生态社会主义是指在生态运动中所形成的独立的生态社会主义思想,既有别于广义的生态社会主义范畴中的生态学马克思主义和生态主义,也与科学社会主义有着明显区别,是针对马克思、恩格斯之后,特别是当代西方马克思主义者和社会主义理论家依据生态环境问题政治意义日渐突出的事实而逐渐形成的,在社

[①] [加]本·阿格尔. 西方马克思主义概论[M]. 慎之,等,译. 北京:中国人民大学出版社,1991:490.

会主义视角下对生态环境问题的政治理论分析与实践应对。值得强调的是，生态社会主义思想与生态学马克思主义、生态主义、科学社会主义之间存在的思想勾连，尤其是生态社会主义和生态学马克思主义之间的"难舍难分"，已成为目前学界热议的话题。但是，狭义的生态社会主义不仅要对当代人类生存状况进行深入思考，更重要的是要从生态维度对未来社会进行理想图景构建。

第二节 生态社会主义的论域

明确生态社会主义研究的基本论域和理论问题是进行生态社会主义研究的必要理论前提，纵览生态社会主义的代表性成果，我们可以发现生态社会主义研究的论域主要集中在以下几个方面。

一、对马克思恩格斯生态思想的诠释与重构

西方资产阶级学者对历史唯物主义是否包含生态维度这一问题一直持有否定态度，他们普遍认为马克思主义忽视增长极限，忽略自然资源的有限性，片面追求生产力的无限增长。西方资本主义学者对马克思历史唯物主义的发难，与对资本主义的"生态改良"持有无比宽容的态度形成鲜明对比，在西方世界资产阶级学者叫嚣马克思主义"过时论"时，部分生态社会主义学者针对历史唯物主义的部分观点也曾有过诘难，但他们同资本主义对马克思主义的批判有本质上的区别。

生态社会主义者们不是从根本上对马克思主义进行否定，而是基于肯定之上的否定。生态社会主义者认为马克思主义仍具有不可替代的时代价值，就像本·阿格尔评价的那样，"马克思主义不是陈列在欧洲和中欧自然历史博物馆玻璃柜内的文物"[①]。生态社会主义者们坚定地站在马克思主义的立场上

---

① [加]本·阿格尔.西方马克思主义概论[M].慎之,等,译.北京：中国人民大学出版社，1991：1.

的这一点毋庸置疑。但是，当面对愈演愈烈的生态危机时，生态社会主义内部针对历史唯物主义是否存在生态维度的问题出现了理论分歧。以奥康纳为代表的部分生态社会主义者认为历史唯物主义没有为生态危机的分析和解决提供显而易见的生态理论武器，"历史唯物主义的确没有（或只在很弱的意义上具有）一种研究劳动过程中的生态和自然之自主过程（或'自然系统'）的自然理论。马克思本人很少对自然界本身的问题进行理论探讨。"[①]这种极端的失之偏颇的论断受到了以福斯特为代表的生态社会主义者的反驳。尽管存在着理论分歧，生态社会主义者们仍然从不同的出发点对马克思恩格斯生态思想进行挖掘、阐释与重构，一方面回应了西方资本主义学者对历史唯物主义生态维度的质疑，另一方面为生态社会主义理论的阐发建立了理论基础。

马克思、恩格斯生态思想成为生态社会主义者探寻未来理想社会道路与实践路径的灯塔。本·阿格尔的经济危机论到生态危机论，詹姆斯·奥康纳的文化、自然与历史唯物主义观念，约翰·贝拉米·福斯特的唯物主义与自然理论，戴维·佩珀的人类中心主义与生态中心主义研究等都对马克思、恩格斯的生态思想展开了不同程度的研究分析。以詹姆斯·奥康纳为例，奥康纳与众多生态社会主义者一样，既是马克思主义的支持者，也发现了马克思主义于今天而言的一些问题，主张对历史唯物主义进行修正和重构。

奥康纳首先认同辩证唯物主义和历史唯物主义为人们认识世界和改造世界所提供的基本理论和方法，也认同马克思恩格斯对自然界的关注。但是，奥康纳也指出了历史唯物主义缺乏丰富的生态感受性的缺陷，认为传统历史唯物主义将主要内容放在了人类系统上面，只给自然系统保留了极少的理论空间。在奥康纳看来，政治生态学所主要关心的问题被马克思主义的理论和实践遗忘或者被置于边缘。尽管包括马克思、恩格斯在内的马克思主义理论家的确存在着上述论及的以及其他的一些理论空场，但奥康纳辩证地回应道："在他们的视域中，人类历史和自然界的历史无疑是处在一种辩证的相互作用关系之中的；他们认识到了资本主义的反生态本质，意识到了建构一种能够

[①] [美]詹姆斯·奥康纳. 自然的理由：生态学马克思主义研究[M]. 唐正东，臧佩洪，译. 南京：南京大学出版社，2003：62-63.

清楚地阐明交换价值和实用价值的矛盾关系的理论的必要性;至少可以说,他们具备了一种潜在的生态学社会主义的理论视域"①。

基于以上分析,奥康纳评价历史唯物主义是"既不够历史也不够唯物"②,其中"不够唯物",指的就是历史唯物主义理论缺乏对物质自然界的观照,而"不够历史"则指的是历史唯物主义关于"文化、语言、主体间性和伦理的理论"③的缺乏,而"自然界,不管是'第一'自然,还是'第二'自然的历史,都将对人类历史产生影响,反之亦然"④。对此,奥康纳强调一定要从文化维度和自然维度上对历史唯物主义理论进行修正并提出了自己的理论目标:"生态学马克思主义的历史观致力于探索一种能将文化和自然的主题与传统马克思主义的劳动或物质生产的范畴融合在一起的方法论模式。"⑤奥康纳对文化维度的阐述内容并不多,主要集中在对历史唯物主义进行自然维度的重构上面。

二、资本主义生态批判

生态社会主义理论内部的一致性在于从不同角度发起对资本主义的生态批判,论证了资本主义与生态环境之间存在不可调和的矛盾的必然性。

一方面,资本主义生态批判停留在对资本主义制度及其生产方式的生态批判上,一是对资本主义制度本身的合法性批判,二是对资本主义技术批判和消费批判。阿格尔认为,马克思所揭示的自由资本主义阶段的社会化生产与生产资料私人占有之间的基本矛盾在当代垄断资本主义阶段已发展成为两种矛盾,引发两种危机,一是财政危机和合法化危机,二是生态危机,而生态危机恰恰是经济危机发展到一定程度而无法化解的产物,是在一种更高层

---

① [美]詹姆斯·奥康纳.自然的理由:生态学马克思主义研究[M].唐正东,臧佩洪,译.南京:南京大学出版社,2003:6.
② [美]詹姆斯·奥康纳.自然的理由:生态学马克思主义研究[M].唐正东、臧佩洪,译.南京:南京大学出版社,2003:458.
③ [美]詹姆斯·奥康纳.自然的理由:生态学马克思主义研究[M].唐正东、臧佩洪,译.南京:南京大学出版社,2003:61.
④ [美]詹姆斯·奥康纳.自然的理由:生态学马克思主义研究[M].唐正东、臧佩洪,译.南京:南京大学出版社,2003:9.
⑤ [美]詹姆斯·奥康纳.自然的理由:生态学马克思主义研究[M].唐正东、臧佩洪,译.南京:南京大学出版社,2003:59.

次上自我延伸的结果。①奥康纳在马克思所揭示的资本主义社会内部生产力和生产关系的矛盾运动理论的基础上，提出了资本主义的第二重矛盾理论——资本主义生产与外部自然之间的矛盾。这两重矛盾的根源——资本主义制度所带来的资本主义生产过剩危机和资本主义生产不足危机及其向全球的扩张，共同构成了全球经济危机和生态危机的根源。高兹和福斯特侧重于揭示资本主义制度的本性与生产方式的特点来论证生态危机的必然性。②莱斯则对资本主义意识形态下的"控制自然"观念进行了批判，认为"控制自然"本是解放人的手段，并不必然带来控制人的后果，但莱斯通过对控制自然与控制人的内在逻辑的阐释，指明资本主义控制自然的实质是控制人，揭示了资本逻辑对自然资源和劳动力的双重剥削的实质。

另一方面，生态社会主义针对西方资本主义学者、资本主义国家绿党对资本主义的辩护与改良，尤其是生态资本主义主张等，展开了系统而又严厉的批判。生态社会主义者萨卡发出了生态资本主义批判的最强音。萨卡认为，妄想在屈从资本主义制度的情况下解决生态危机是不可能的。萨卡对生态资本主义立论的合理性与可行性进行了深入剖析，明确生态资本主义仍然遵循资本逻辑，否定了生态资本主义立论的合理性。同时，萨卡对生态资本主义三大主流方案，即生态化市场力、生态凯恩斯主义、稳态资本主义进行了逐一批判，否定了生态资本主义的可行性。由此可见，依靠生态资本主义解决生态危机只能是空想。

三、传统社会主义生态批判

生态社会主义的生态批判视野非常开阔，除对资本主义展开各层面的生态批判外，对以苏联为代表的传统社会主义国家在社会主义建设过程中的生态破坏现实，也展开了批判与反思。20世纪90年代，伴随苏联解体、东欧剧变，苏联生态破坏的事实被世人所知，生态社会主义者对苏联社会主义模式的生态反思与批判进入了高潮。安德烈·高兹、詹姆斯·奥康纳、萨拉·萨

---

① 张夺. 生态学马克思主义自然观与生态文明理念研究[M]. 北京：人民出版社. 2021：117.
② 王雨辰. 生态学马克思主义与生态文明研究[M]. 北京：人民出版社，2015：8.

卡、乔尔·科威尔等生态社会主义者都从不同理论视角反思了苏联走向解体的生态诱因,对苏联社会主义模式下造成的严峻的生态问题展开了激烈批判。

奥康纳对传统社会主义国家引发的环境问题进行了辩证分析。奥康纳认为尽管从事实结论上看,以苏联为代表的传统社会主义国家和其他资本主义国家一样,在社会发展中将工业化置于环境保护之上,"社会主义国家跟资本主义社会同样迅速地(或者更快地)耗尽了它们的不可再生资源,它们对空气、水源和土地等所造成的污染即便不比其对手资本主义多,至少也同后者一样"①。苏联典型的粗放型发展模式导致了环境恶化进而引发生态危机的严重后果。只是与资本主义国家经济发展的逐利本性不同的是,"对增长的强调显然是与苏联的下述感觉联系在一起的,即在冷战、反共产主义、资产阶级政权对社会主义的敌视、最后但并非最不重要的还有武器竞赛的氛围下,赶上西方是十分有必要的。"②奥康纳认为,社会主义国家的资源损耗和污染背后的政治问题占有重要因素,一方面,苏联的发展处于严峻的国际环境之中,需要强大经济来捍卫政权;另一方面,需要满足人民最基本的物质需求。所以,奥康纳强调,"社会主义国家的资源消耗和污染更多是政治而非经济问题;这也就是说,与资本主义的情况不同,大规模的环境退化可能并非社会主义的内在本质"③。

萨卡则从增长极限视角展开对苏联社会主义模式的生态批判,指出苏联的"社会主义"并非真正意义上的社会主义。在萨卡看来,苏联为追赶资本主义工业化进程所显露出来的"像征服者那样统治世界"的激进状态,建立在不加节制地利用和消耗自然资源的基础上。与资本主义国家转移污染和殖民掠夺资源相比,苏联既没有殖民地可掠夺更多资源和转嫁污染,也没有充分的资金进行生态保护,更没有无穷无尽的自然资源可供开采,继而引发资源的紧张与生态危机,反过来这又直接制约了苏联经济的可持续发展。萨卡认为,

---

① [美]詹姆斯·奥康纳.自然的理由:生态学马克思主义研究[M].唐正东、臧佩洪,译.南京:南京大学出版社,2003:407.
② [美]詹姆斯·奥康纳.自然的理由:生态学马克思主义研究[M].唐正东、臧佩洪,译.南京:南京大学出版社,2003:419.
③ [美]詹姆斯·奥康纳.自然的理由:生态学马克思主义研究[M].唐正东、臧佩洪,译.南京:南京大学出版社,2003:419.

这就是苏联社会主义模式忽略增长极限而导致的生态后果以及更为惨痛的代价的深层原因。

四、生态社会主义的构想

生态社会主义者对生态社会主义的构想不是凭空出现的，而是在对资本主义的生态批判和传统社会主义的生态批判基础上形成的。资本主义具有反生态性，资本主义制度及生产方式是生态危机的根源，因此，在对未来社会的选择与构建上，生态社会主义者一致认为必须变革资本主义制度，走向社会主义才是解决生态危机的正确路径。所以，未来社会一定是一个与资本主义社会有着本质不同且有别于传统社会主义社会的存在。生态社会主义者们拨开资本主义和社会主义的生态迷雾，尝试着走向生态社会主义社会的彼岸。

一是拨开迷雾，构建生态社会主义的理论样态。生态社会主义从20世纪70年代兴起到20世纪90年代走向成熟和巅峰，生态社会主义者们一直辩证地分析资本主义与生态的关系、传统社会主义与生态的关系。一些西方资本主义学者尝试将资本主义制度与生态学嫁接在一起，提出了生态资本主义的概念，生态资本主义构想中的一系列迷幻操作，让人误以为资本主义的确可以走向一个美丽的未来，实则是纸上谈兵，实践的可能性在资本逻辑的腐蚀下变得低得不能再低直至被废弃。除此之外，西方发达资本主义国家通过生态帝国主义行径肆意破坏不发达国家的自然资源，一面是假意维持的生态至上，一面是露出贪婪本性的肆意索取。资本逻辑自始至终都没有消失，对资本主义进行生态重建从头至尾都只是一个伪命题，就像戴维·佩珀曾激烈抨击的那样："资本主义的生态矛盾使可持续的或'绿色的'资本主义成为一个不可能的梦想，因而是一个骗局"[①]。同时，资本主义国家尤其是西方发达国家内部又通过刺激消费的方式不断弱化工人阶级的革命性和对资本主义生态危机的敏感性。

生态社会主义的理论构建拨开了资本主义的生态迷雾，让人们认清资本

———
[①] [美]戴维·佩珀. 生态社会主义：从深生态学到社会正义[M]. 刘颖，译. 济南：山东大学出版社，2012：139.

主义的本质。所以，生态社会主义者们指出了资本主义社会"控制自然"的意识形态，阐释了资本主义在"经济理性"主导下产生的"异化消费""技术异化"现象，证明资本主义的"第二重矛盾"。生态社会主义对资本主义进行生态批判的视角虽然各有不同，但却环环相扣形成合力，全面揭露了资本主义国家产生不可逆转的生态危机的根本原因。

不破不立，生态社会主义者从对现有社会的批判中寻找能够实现人与自然和谐相处的、可持续发展的理想之路，形成了对未来社会应有样态的构想，主要体现在经济、政治、文化等领域。在经济层面上，阿格尔、高兹、萨卡都曾主张"稳态"的社会主义经济模式；奥康纳则希望实现"分配性"正义向"生产性"正义转向，科威尔提出生态化生产的观点，奥康纳和科威尔虽然在语言表述上有所不同，但却表达了一致的经济主张，他们认为，应该根据人们的真实需要来生产，突出劳动的使用价值，消灭交换价值。经济领域的构想在生态社会主义理论中较为完善与丰富，这也与他们对资本逐利本性的深刻认识有着紧密联系。在政治层面上，阿格尔提出了"非官僚化"，佩珀提出了新型民主政治体制、关心社会正义的实现问题，科威尔则希望未来是一个自由平等、珍视生命的社会。在文化层面上，生态社会主义者则着力推动"经济社会过渡到文化社会"，培养时代新人，重构生态价值观。生态社会主义关于文化建设的论述并不多，但却强化了生态意识作为生态社会主义建设内驱力的重要价值。

二是走向彼岸，提出生态社会主义的实践路径。实现生态社会主义不是一句口号，而是理论与实践相结合的产物，如何实现生态社会主义应该是生态社会主义关注的重要问题。当然，就像不是所有的生态学马克思主义者都曾设想过未来社会的理想样态一样，生态社会主义者们也并不都对走向生态社会主义社会的实践方案进行过具体擘画。奥康纳、佩珀、萨卡、科威尔等生态社会主义者对未来社会相对完整的思考就体现在对生态社会主义具体实践方案的探索上，包括社会变革的领导力量、主体力量及变革方式，也包括实践的具体方案，不同的生态社会主义者之间的观点相互碰撞，共同走向生态社会主义的理想彼岸。

第二章　西方生态社会主义思想的生成语境

　　西方生态社会主义思想的产生,不仅具有一定的社会历史必然性,而且具有深厚的理论渊源。西方国家工业革命后,随着人们利用和改造自然的能力的不断提升,资本逐利本性导致这些国家的内部生态环境不断恶化,人与自然的关系呈现对立和紧张状态,这是生态危机形成的原初逻辑。资本逻辑导致西方资本主义国家向世界各地寻求资源供给,形成生态帝国主义,这是资本主义国家将生产成本外化的过程。可见,生态危机逐步由西方资本主义国家自身扩展为全球性生态危机,资本主义国家难辞其咎。苏联解体、东欧剧变这一20世纪80年代末90年代初发生的大事变,也让人格外注意到了传统社会主义国家发展中存在的经济社会发展与环境保护之间的矛盾。

　　随着生态问题全球蔓延,进而演变为全球性生态危机,从生态视角洞察人类未来走向成为潮流。生态社会主义者基于马克思主义自然观和方法论、法兰克福学派社会批判思想、可持续发展理论、生态学、系统论和未来学等众多领域中的相关理论成果形成了对生态问题的独特思考。生态社会主义思想就是在这样的社会背景和理论基础上逐步形成、发展和成熟起来的。

第一节 西方生态社会主义思想生成的社会背景

一、生态环境的恶化和生态危机的产生

工业革命后的技术革命和机器的大量使用,使得资本主义生产力水平不断提升。在生产力发展推动人类文明进步的视角,马克思、恩格斯从不吝惜对资本主义的肯定和赞扬,他们在《共产党宣言》中赞叹道:"资产阶级在它的不到一百年的阶级统治中所创造的生产力,比过去一切世代创造的全部生产力还要多,还要大。"①人们利用和改造大自然的能力不断提升,"只要人们想知道,他任何时候都能够知道;从原则上说,再也没有什么神秘莫测、无法计算的力量在起作用,人们可以通过计算掌握一切。"②"扩张"一直是资本主义社会最强烈的冲动。③科技进步的伟力既增强了人类认识自然、改造自然的能力,也形成了蔑视自然、征服自然的思想,既实现了资本主义的快速积累,也造成了资源浪费、环境污染、生态恶化。

"人类 21 世纪开启于一个灾难性景况,前所未有程度的生态崩溃和一个混乱无序的世界……"④在资本主义的运动规律下,在当前这场划时代的危机中,人类依然面临着环境污染和生态破坏的困境且呈现愈演愈烈的趋势,国际环境日益复杂。经济全球化使工业高度发达、科技迅猛发展,各国之间联系空前紧密,各类生态灾害空前严重。伴随发达资本主义国家的生态帝国主义行径,生态危机急剧膨胀并向全球蔓延。资本主义国家联合资本家通过发布广告等方式刺激消费,企图缓和资产阶级与无产阶级之间的矛盾、生产的

---

① 马克思恩格斯文集(第 2 卷)[M]. 北京:人民出版社,2009:36.
② [德]马克斯·韦伯. 学术与政治:韦伯的两篇演说[M]. 冯克利,译. 北京:生活·读书·新知三联书店,1998:41.
③ 车玉玲. 静态社会与生态危机:当代资本主义无法走出的困境[J]. 理论导报,2018(08):60.
④ 郇庆治. 重建现代文明的根基——生态社会主义研究[M]. 北京:北京大学出版社,2010:302.

无限性与消费的有限性之间的矛盾,"异化消费"延缓了经济危机但却导致了资源过度浪费与环境破坏的生态危机。福斯特感叹道:"人与自然的关系逐渐处于紧张的对立状态,人类打破了地球承受的限度,以至于数百万年内才可能发生的变化,在几十年内就已经出现了。从气候变化扩展到海洋酸化、第六次生物大灭绝、氮磷循环中断,到森林滥伐及地面覆盖物丧失、荒漠化,再到合成化学和放射性废物造成的普遍污染,又到各种流行病以及土壤代谢的破坏。这些破坏造成的影响已经成为我们日常生活的一部分。"[1]

早在19世纪,马克思就分析了资本主义运动规律与生态危机之间的潜在关联。在《1857—1858年经济学手稿》中,马克思明确说明,与资本主义展开斗争不仅是因为资本主义制度导致的一些人残酷地剥削另一些人,资本主义制度同样是使人与自然之间产生对抗,使自然界成为被剥削的对象的制度:"如果说以资本为基础的生产,一方面创造出普遍的产业劳动,即剩余劳动,创造价值的劳动,那么,另一方面也创造出一个普遍利用自然属性和人的属性的体系,创造出一个普遍有用性的体系","只有在资本主义制度下自然界才真正是人的对象,真正是有用物;它不再被认为是自为的力量;而对自然界的独立规律的理论认识本身不过表现为狡猾,其目的是使自然界(不管是作为消费品,还是作为生产资料)服从于人的需要。资本按照自己的这种趋势,既要克服把自然神化的现象,克服流传下来的、在一定界限内闭关自守地满足于现有需要和重复旧生活方式的状况,又要克服民族界限和民族偏见。资本破坏这一切并使之不断革命化,摧毁一切阻碍发展生产力、扩大需要、使生产多样化、利用和交换自然力量和精神力量的限制。"[2]当资本主义还沉浸在征服和胜利的喜悦中时,恩格斯却警示道:"对于每一次这样的胜利,自然界都报复了我们,每一次胜利,在第一步都确实取得了我们预期的结果,但是在第二步和第三步却有了完全不同的、出乎预料的结果,常常把第一个结果的又取消了。"[3]

---

[1] [美]约翰·贝拉米·福斯特. 生态学与历史的未来[J]. 韩志伟,张翘楚,译. 国外理论动态,2022(05):119.
[2] 马克思恩格斯全集(第30卷)[M]. 北京:人民出版社,1995:389-390.
[3] 马克思恩格斯全集(第20卷)[M]. 北京:人民出版社,1971:519.

从 1873 年开始，英国伦敦的煤烟污染导致支气管炎、肺炎等呼吸道疾病的死亡率急剧提升，其中 1880 年为 30%，1891 年为 60%。[①] 20 世纪 30 年代至 60 年代，资本主义国家发生了八起震惊世界的，因环境污染和生态破坏而导致的对人的身体健康产生严重危害的事件，史称"八大公害事件"，有些严重危害甚至一直延续至今天。"八大公害事件"包括 1930 年发生在比利时的马斯河谷烟雾事件、1948 年发生在美国的多诺拉烟雾事件、1952 年发生在英国的伦敦烟雾事件、1943 年发生在美国洛杉矶的光化学烟雾事件、1953 年日本水俣病事件、从 1955 年开始接连产生病例的日本富山骨痛病事件、1961 年发生在日本四日市的哮喘病事件、1963 年发生的日本米糠油事件。这些事件记录的时间只是问题集中爆发的时间，通过对每一个事件的梳理，我们可以发现，这些事件对人的身体所产生的严重后果不是一朝一夕的，是由于污染企业和污染源的长期存在和影响，有些甚至是几十年的持续污染下造成的环境的污染以及对人的身体所产生的难以逆转的损伤甚至是对生命的威胁。比利时、美国、英国、日本都是工业化的"先驱者"，这些国家的人民既是国家飞速发展的体验者，也是环境污染的受害者。这些沉痛的结果并没有阻止这些资本主义国家"前进"的脚步，这一结果既在情理之外，又在意料之中。资本主义爆发生态危机并向全球蔓延，是生态社会主义产生的最重要和最深刻的社会背景。

二、全球生态意识的觉醒

生态问题的根源已清，对整个人类文明发展的影响已明，迫切需要各国携手，共谋全球转型以超越资本主义的运动规律，共建可持续发展的人类世界，创造人类文明新形态，以解决生态危机导致的人类生存危机。发端于 20 世纪六七十年代的世界各地的各种生态运动和斗争促使公众环境与生态意识的觉醒，预示着生态革命新浪潮的前景。

1962 年蕾切尔·卡逊发表了带给人类强有力警示的《寂静的春天》，该书

[①] [英]布雷恩·威廉·克拉普. 工业革命以来的英国环境史[M]. 王黎，译. 北京：中国环境科学出版社，2011：37.

以20世纪50年代东西方对峙的"冷战"时期为背景,揭露了美国的企业为了经济开发而大量砍伐森林,破坏自然的事实。勇敢的卡逊在饱受病痛折磨的同时,对只顾商业利益、不顾人类安危的化学药品DDT①的研发与使用提出了强烈谴责,DDT等剧毒杀虫剂导致大量动物死亡,杀虫剂的广泛喷洒导致有毒物质通过食物链进入人体,给人类的生命健康带来极大威胁。《寂静的春天》第一次从生态学角度阐述了人类同环境的关系。

1968年,意大利的奥莱里欧·佩切伊倡导建立罗马俱乐部。1972年,罗马俱乐部发表了一篇题为《增长极限——罗马俱乐部关于人类困境的报告》,这是首部将人类经济活动与自然资源、生态环境关联起来,并对人类可能面临的工业化危机、资源危机、生态环境危机等提出警示的重要著述,②唤起了公众的对可持续发展的关注。同年6月,联合国人类环境会议在斯德哥尔摩召开,来自113个国家的政府代表和民间人士与会,并就当代世界环境问题以及全球环境保护战略等问题进行了研讨,通过了《联合国人类环境会议宣言》,简称《人类环境宣言》,形成了七点共同看法和二十六项原则,对世界各国人民改善人类环境、造福全体人民起到指导作用。也是在这一年,新西兰价值党成为世界上第一个绿色政党。

20世纪70年代前后,西方兴起了新社会运动,包括反战运动、反核运动、种族运动、宗教运动、女权运动、生态运动等,是一个参与主体广泛、组织松散、革命手段多样且没有固定政治倾向的运动。西方新社会运动发端于20世纪60年代末的法国"五月风暴",发展于70至80年代,转型于90年代,进入21世纪特别是2008年国际金融危机爆发以来,西方新社会运动又进入了一个新的发展时期,并呈现出了许多新的特点。③1968年5月发生于法国巴黎的"五月风暴"由学生、工人、企业职员参与,痛斥资本主义经济理性造成的人的异化,这一风暴迅速蔓延,席卷西方世界。1968年5月11日,大约6万人在联邦德国波恩举行示威活动,1968年5月27日又举行了总罢

---

① DDT是一种剧毒杀虫剂,是Dichloro-Diphenyl-Trichloroethane的缩写,译为二氯二苯基三氯乙烷。

② 马新,钟茂初.《增长的极限》对实现"双碳"目标的现实价值与政策启示——纪念《增长的极限》出版50周年[J].天津社会科学,2022(03):100.

③ 臧秀玲.西方新社会运动及其对左翼政党的影响[J].人民论坛·学术前沿,2021(19):111.

工,在这两次大规模运动中学生是主要参与者,学生们反独裁、反等级制度,他们对资本主义和帝国主义的批评,使大部分人看到了第三世界被剥削的事实。反核能运动约占生态运动的一半。1971年到1972年间,联邦德国的电力供应公司申请在布里萨克新建一个核电站,当地的农民、葡萄种植者、渔民和环保主义者听闻后,自发地组织起来进行了激烈的反抗。由于布里萨克的强烈抵抗,经济部宣布新核电站将在距离布里萨克20公里的怀尔建造。1975年1月22日,政府要求立即开始施工,引发了持续不断的抗议,参与抗议的人数也越来越多,从一开始的3000人到6000人,再到28000人,不仅是周边社区的人们参加,其中许多人来自法国、瑞士和联邦德国的其他地区。示威活动结束后,大约有3000人冲破围栏,袭击了建筑工地。3月21日,法院下令停止建设,直到最终确定该项目的合法性。① 联邦德国怀尔反核运动正是新社会运动的一角,核问题不是一个区域性问题,而是一个世界性的问题。因此,联邦德国的抗议运动牵动了世界人民的心,带动了世界上其他国家如法国边界反对铅工厂运动,反对邻近瑞士的核项目运动等,凝聚起一股强大的以普通群众为核心的环保力量。

　　普通群众的反核运动的本质是对美好生活的向往,本身不具有意识形态色彩,但当人们的生存受到挑战时便赋予了保护环境特殊的政治意义。正如安格斯在他的一次重要演讲中所指出的那样,"我们的目标不是拥有更多的东西而是创造一个更美好的世界——不是数量级增长而是质的变化。同样重要的另一个原因是:我们把生态和气候变化不是作为抵抗资本主义的另一个方面,而是作为本世纪人类所面临的一个主要问题。"② 但是,联邦德国左翼在对群众抗议运动进行推波助澜的过程中的想法并不纯粹,而是希望整合环境运动等一系列新社会运动,将参与抗议的群众发展为具有代表性的政治力量,推动左翼环境运动向更高阶段发展,进而提升自身的影响力。不论联邦德国左翼的政治目的是什么,让更多的人认识到了生态问题的重要性,不再忽略

---

　　① Saral Sarkar. Green — alternative politics in West Germany[M]. Tokyo: United Nations University Press, 1993: 113.
　　② [加]伊恩·安格斯. 为后代而斗争:一位生态社会主义者的观点[J]. 姚单华,摘译,国外理论动态,2009(11):70-74.

生态，积极寻求个人生活、国家发展与生态环境的最优解就是进步。1977年10月，联邦德国社会民主党中的青年团体——青年社会主义者和独立的学术左翼组织——社会主义局在法兰克福召开了名为"社会主义环境政治"的会议，这次会议可以说是生态社会主义理论尝试的开端。在这次会议上，很多人都倾向于反对核能，反对大工业生产技术，并把这些与对资本主义的批判结合起来。[1] 全球生态意识的觉醒和绿色运动、绿党政治的发展为生态社会主义的产生提供了必要的现实条件。

三、苏联解体、东欧剧变后的社会主义新探索

列宁逝世后，斯大林带领苏联人民采用了高度集中的政治经济体制，巩固和建设了世界上第一个社会主义国家，成就非凡、又教训深刻。一是在经济领域，缺少竞争和生产活力，农业、轻工业、重工业比例严重失调，人民生活资料供应紧张；二是在政治领域，国家权力过于集中，党内缺乏民主和监督，法治受到破坏；三是在思想文化领域，国家采用行政手段和阶级斗争的方式进行干预，导致思想文化领域缺乏自主性和创新性；四是在生态环境领域，坚持生产至上、增长至上，背离环保政策，以粗放型的经济增长方式换取经济的一时增长，导致资源破坏和环境的严重污染。

事实上，苏联的社会主义建设拥有非常好的自然资源基础，"世界上没有别的国家能够在开始建设一个'社会主义'社会时拥有比苏联更好的资源条件了。"[2]这就为苏联大踏步追赶西方资本主义的发展提供了强大支撑。也正是因为苏联对经济高速增长的执着与苏联高度集中的计划经济体制对人与自然关系理解的偏差，导致苏联在经济发展过程中对资源环境的保护不以为意，这就造成两个方面的隐患。一是苏联自然资源浪费严重，据1991年第26期《论据与事实》公布的材料显示，苏联单位产品的原材料消耗比西方国家高出1.5倍，燃料及能源消耗高出50%。[3] 1980年，苏联每生产1卢布的国民收入消

---

[1] 张剑.西方主要发达国家生态社会主义思潮和运动概览[J].毛泽东邓小平理论研究，2019(03)：103.

[2] [印]萨拉·萨卡.生态社会主义还是生态资本主义[M].张淑兰，译.济南：山东大学出版社，2012：32.

[3] 许新.超级大国的崩溃——苏联解体原因探析[M].北京：社会科学文献出版社，2000：139.

耗的电比美国多20%，钢比美国多90%，石油比美国多100%，水泥比美国多80%。[①] 二是苏联生态破坏严重，20世纪50年代开始，苏联就在中亚、西伯利亚、乌拉尔、伏尔加河沿岸和高加索的部分地区大量开垦荒地，10年间累计垦荒6 000万公顷。[②] 到20世纪80年代末，苏联"有4亿公顷的集体农庄和国营农场土地遭受侵蚀，有1.57亿公顷的适耕地被污染，3 600万公顷土地过度湿化或沼泽化，6 800万公顷土地酸度超标。"[③]

20世纪80年代后期到苏联解体、东欧剧变，世界社会主义运动陷入低潮，新自由主义不断扩张，西方左翼对资产阶级改良主义如生态资本主义和生态现代化的不断让步和妥协，使得生态社会主义的发展陷入困境，生态社会主义者对苏联社会主义模式所代表的传统社会主义的失望与反思也促动生态社会主义的新思考和新发展。20世纪90年代以后，苏联解体、东欧剧变引发了世界探讨社会主义的热潮。一方是西方资本主义以苏联解体、东欧剧变为依据唱衰社会主义。1989年，美籍日裔学者弗朗西斯·福山写下《历史的终结》，提出了历史终结论。福山认为，冷战结束标志着共产主义的终结，人类政治历史发展已经到达终点，历史的发展只有一条路，即西方的市场经济和民主政治，这种观点在西方资本主义国家一度甚嚣尘上，苏联解体、东欧剧变成为资本主义的一场狂欢。而另一方则是世界上的社会主义者，在总结苏联模式经验教训中走向分野。有的社会主义者或社会主义国家在社会主义道路上摇摆不定，甚至转而选择资本主义的自由民主；有的则坚定不移坚持和发展具有本国特色的社会主义，以实际行动在世界高高举起社会主义的旗帜，证明科学社会主义的强大生命力；有的则从不同视角分析苏联社会主义模式失败的原因，试图建构具有新的内涵的社会主义。生态社会主义者就从属于最后一种，他们经历了短暂的低谷和迷茫之后理性地认识到，资本主义内在的固有矛盾无法解决，资本主义的反生态性一如既往，资本主义必然灭亡，社会主义必然胜利仍是真理，社会主义仍然代表着人类社会的未来。因此，

---

① 江流. 苏联剧变研究[M]. 北京：社会科学文献出版社，1994：66.
② 任映红，华启和. 苏联模式的生态批判[M]. 中国社会科学研究论丛，2014卷第2辑：170.
③ 沈志华，叶书宗. 苏联历史档案选编（第33卷）[M]. 北京：社会科学文献出版社，2002：679.

生态社会主义者从生态视角展开了对苏联社会主义模式的反思与批判，试图构建生态社会主义社会。

第二节　西方生态社会主义思想生成的理论渊源

一、马克思主义自然观和方法论

恩格斯强调，"马克思的整个世界观不是教义，而是方法。它提供的不是现成的教条，而是进一步研究的出发点和供这种研究使用的方法。"[①]也就是说，马克思主义不但为我们提供了认识世界的理论武器，而且为我们改造世界提供了根本方法。正如俄罗斯社会主义学者协会的尤里·普列特尼科夫所评价的那样，"可以毫不夸大地说，马克思主义奠定了现代生态知识以至整个世界体系知识的世界观和方法论的基础。"[②]

1. 马克思主义自然观

奥康纳曾毫不讳言地指出："马克思主义对于生态社会主义犹如一剂'解毒药'，它对消除将导致断送生态社会主义事业的理论上含糊不清、自相矛盾、枯燥无味等毒素，是必不可少的。"[③]具体而言，马克思主义自然观是生态社会主义的重要理论源泉，当然，对生态社会主义思想形成起到重要理论支撑的不仅是马克思主义自然观，也包括马克思主义关于自由联合体的思想、资本本性的认识等更加具体的理论内容。

马克思和恩格斯没有集中构建生态思想体系，而是散见于他们的经典论著之中，这也引发了生态社会主义者对马克思、恩格斯思想中是否蕴含生态思想的热烈讨论。可以明确的是，尽管马克思、恩格斯没有对生态思想进行集中表达，但是，在《1844年经济学哲学手稿》《关于费尔巴哈的提纲》《德意志

---

① 马克思恩格斯选集(第4卷)[M]. 北京：人民出版社，2012：664.
② [俄]尤里·普列特尼科夫. 资本主义自我否定的历史趋势[J]. 文华，译. 国外社会科学，2001(04)：81.
③ [美]詹姆斯·奥康纳. 自然的理由：生态学马克思主义研究[M]. 唐正东，臧佩洪，译. 南京：南京大学出版社，2003：440.

意识形态》《资本论》和《自然辩证法》等马克思恩格斯经典著作中,都有对生态思想的经典阐述,当我们仔细研读这些原著就会发现,马克思主义世界观包含着系统而深邃的自然观。在《1844年经济学哲学手稿》《关于费尔巴哈的提纲》《德意志意识形态》等早期著作中,马克思对人与自然之间的对象性关系做了具体阐释,阐明了自然界是人的无机身体,人需要靠自然界生活,也阐明了人直接地是自然存在物,也是人的自然存在物。自然界的物质本源性表现为自然界不仅为人类生存和发展提供物质积累必须的生产资料,也为人类更好地生活提供了精神给养,"从理论领域来说,植物、动物、石头、空气、光等等,一方面作为自然科学的对象,一方面作为艺术的对象,都是人的意识的一部分,是人的精神的无机世界,是人必须事先进行加工以便享用和消化的精神食粮"①。马克思指明,"通过实践创造对象世界,改造无机界,人证明自己是有意识的类存在物"②,也就是说,人作为类存在物的前提是在具体的发展着的人的生产生活实践中实现人与人之间的交往,只有这样才能实现人与自然界之间的物质和能量交换,进而创造对象世界、改造无机界。自然界充当人与人联系的纽带,维系着人类社会的发展和进步,自然的社会化成为马克思主义自然观区别于其他各种自然观的显著特征。但是,当"异化劳动从人那里夺去了他的生产的对象,也就从人那里夺去了他的类生活,即他的现实的类对象性"③,这就导致"无论是自然界,还是人的精神的类能力,都变成了对人来说是异己的本质,变成了维持他的个人生存的手段。异化劳动使人自己的身体同人相异化,同样也使在人之外的自然界同人相异化,使他的精神本质、他的人的本质同人相异化。"④从异化劳动到异化消费,它们形成的根源都在于资本逻辑,在于利润的最大化。利润最大化离不开生产,在《资本论》中,马克思关注到"生产的自然条件"问题,将自然条件纳入生产要素中,明确指出生产的自然条件与劳动生产率的正相关关系。资本家的逐利本性使得劳动的自然条件遭到了严重破坏,产生了物质变换断裂,资本主义最终只

---

① 马克思恩格斯选集(第1卷)[M]. 北京:人民出版社,2012:55.
② 马克思恩格斯选集(第1卷)[M]. 北京:人民出版社,2012:56
③ 马克思恩格斯选集(第1卷)[M]. 北京:人民出版社,2012,57.
④ 马克思恩格斯选集(第1卷)[M]. 北京:人民出版社,2012,57-58.

第二章 西方生态社会主义思想的生成语境

能走向自己的反面。

我们应该知道,"自然界起初是作为一种完全异己的、有无限威力的和不可制服的力量与人们对立的,人们同自然界的关系完全像动物同自然界的关系一样,人们就像牲畜一样慑服于自然界"[1]。自然界蕴含的强大能量也在提醒作为有意识的自为的存在的人应该正确处理人与自然之间的关系。在《自然辩证法》中,恩格斯强调,辩证法是"同形而上学相对立的关于联系的科学……辩证法的规律是从自然界的历史和人类社会的历史中抽象出来的。辩证法的规律无非是历史发展的这两个方面和思维本身的最一般的规律"[2]。这就为"精确地描绘宇宙、宇宙的发展和人类的发展,以及这种发展在人们头脑中的反映"[3]提供了正确的分析方法,帮助我们更好地把握自然、人和实践的辩证统一关系。对此,马克思提出了"再生产整个自然界"的观点,要求人们保护自然、建设自然和美化自然。

马克思、恩格斯将人的解放与社会解放、自然解放结合在一起,批判了资本主义社会基本矛盾所导致的人与自然之间的物质变换断裂及生态环境的破坏,思考社会解放和自然解放对人的解放起到的重要作用,指明只有共产主义社会才能够实现人与自然的和谐共生。生态社会主义者科威尔认为,"马克思主义提供了批判资本主义(作为生态危机的动力和"自然的敌人")的方向,也提供了代表受苦的人类与自然同资本主义作斗争的伦理。"[4]具体来说,一方面体现在坚持马克思主义自然观,批判生态中心主义者割裂人与自然关系的片面认知,进而建立新人类中心主义的价值观;另一方面体现在直接继承和发展了马克思、恩格斯对资本主义社会的生态批判,包括资本主义生产造成的环境破坏、资源枯竭、工人生存环境恶化以及资本主义逻辑造成的对人的本质的偏离等,提出异化消费、技术异化等思想,由此形成生态社会主义关于资本主义逻辑是生态危机的根源的论断。

---

[1] 马克思恩格斯选集(第1卷)[M]. 北京:人民出版社,2012:161.
[2] 马克思恩格斯文集(第9卷)[M]. 北京:人民出版社,2009:463.
[3] 马克思恩格斯文集(第9卷)[M]. 北京:人民出版社,2009:26.
[4] 鲁长安. 乔尔·科威尔的生态社会主义思想研究[D]. 武汉:武汉大学,2014:21.

2. 马克思主义方法论

马克思主义按其本质来说是批判的和革命的，故而作为理论源泉的合理性不仅在于思想本身，更在于马克思主义的批判精神和方法论。本·阿格尔在《西方马克思主义概论》的开篇就指出，"脱离实践、无视异化及他人需求和权利的理论只是一种自我欣赏"①。他认为，"马克思主义不是一种纯思辨的方案，不是流于自我欣赏的我行我素，而是一种方法，一种把解放理论和关于社会主义可能性的设想与被压迫人民的日常斗争联系起来的方法。"②这是生态社会主义者对马克思主义的期待，马克思主义自然观的使命不仅在于其理论价值本身，更在于指导生态社会主义的实践。

"'一切从实际出发''对具体情况作具体分析''历史和逻辑相一致''理论与实践相结合'"③被看作是马克思主义方法论的四大基本命题，这些命题恰恰为生态社会主义者展开资本主义生态批判和苏联社会主义模式生态批判提供了重要的方法论基础。生态社会主义者从当今世界人类面临的生态危机的背景出发，坚持历史和逻辑相一致的方法，分析当今世界人与自然的关系危机与人和人的关系危机的联系、人与人的关系危机和生态危机的联系，梳理资本主义生态危机产生和形成的历史，揭露了资本主义社会环境污染与生态破坏的现实问题，将生态问题的根源诉诸资本主义制度，进而否定资本主义社会的可持续性。20世纪80年代末90年代初，苏联解体、东欧剧变，世界社会主义运动遭遇重大挫折的同时，生态社会主义也着手从生态视角分析苏联社会主义模式失败的原因。生态社会主义指出苏联社会主义模式并不是真正的社会主义，仍然确信只有推翻资本主义、实现共产主义才有可能实现人与自然的真正和解，从生态视角证明了资本主义必然灭亡、社会主义必然胜利。生态社会主义并没有止步于此，而是坚持理论与实践相结合，为未来美好社会——生态社会主义社会的建构提供构想，包括实践主体、实践方式、实践路径等等，使生态社会主义思想更加具有整体性和现实针对性。

---

① [加]本·阿格尔. 西方马克思主义概论[M]. 慎之，等译. 北京：人民大学出版社，1991：4.
② [加]本·阿格尔. 西方马克思主义概论[M]. 慎之，等译. 北京：人民大学出版社，1991：5.
③ 侯惠勤. 马克思主义方法论的四大基本命题辨析[J]. 哲学研究，2010(10)：3.

二、法兰克福学派社会批判理论

法兰克福学派是在西方马克思主义影响下创立的社会哲学流派，代表人物有霍克海默、阿道尔诺、马尔库塞、哈贝马斯等。霍克海默开启了生态批判的视域，马尔库塞的异化理论和对生态危机的揭示构成了生态社会主义批判逻辑和理论形成的直接来源。与"经院"哲学不同，法兰克福学派立足社会现实，深刻批判西方资本主义社会和现代工业文明，积极反映人类现实关切，提出和建构了独特的社会批判理论。法兰克福学派的思想之所以被称作"社会批判理论"或"批判的马克思主义"，一是"批判"是贯穿于法兰克福学派理论体系的灵魂。法兰克福学派对西方社会的研究建立在"批判"的基础上，从文化视角揭露现代西方资本主义社会的弊端，旨在对资产阶级的意识形态进行彻底批判。霍克海默在《批判理论》中就提出，批判理论是一种与传统理论根本不同的、以批判一切现存的东西为宗旨的理论。因此对现实的批判与否定是批判理论的主要目的与职能。[①] 二是法兰克福学派社会批判理论对马克思社会批判理论和批判精神的继承和发展。虽然二者都以资本逻辑批判为核心，有所区别的是，马克思社会批判理论的批判重点在政治经济领域，法兰克福学派则集中在文化领域。法兰克福学派认为，资本主义不仅仅是一种经济事实，而且也是一种文化现象。[②] 资本主义对人的操纵从经济领域延伸至文化领域，通过左右人的思想进一步实现对人的剥削和控制。霍克海默、阿道尔诺与马尔库赛等第一代法兰克福学派的代表人物建构了早期批判理论的框架，资本主义生态危机的文化反思和批判蕴含其中。

霍克海默在他的《批判理论》中指出，"在经验的自然对象本身有问题的地方，甚至连这些对象的自然性也要通过与社会领域的对比来规定；就此而论，这些对象的自然性也依赖于社会领域。"[③] "感官呈现给我们的事实通过两种方式成为社会的东西：通过被知觉对象的历史特性和通过知觉器官的历史特性。

[①] 汝绪华，汪怀君. 法兰克福学派的社会批判理论及其意义[J]. 山西师大学报（社会科学版），2010，37(02)：7.
[②] 郑端. 法兰克福学派的大众文化批判及其现实意义[J]. 中国青年政治学院学报，1997(04)：38.
[③] [德]马克斯·霍克海默. 批判理论[M]. 李小兵，译. 重庆：重庆出版社，1989：3.

这两者都不仅仅是自然的东西;它们是由人类活动塑造的东西"[1],这些论述强调了自然的社会历史性。针对霍克海默和卢卡奇关于自然的社会历史性观点,施密特则批判地提出了人类社会和自然基于实践双向中介关系的观点。施密特从马克思"物质变换"概念出发阐发了人与自然的物质变换过程,即"物质变换以自然被人化,人被自然化为内容,其形式是被每个时代的历史所规定的"[2],也就是说,人的生产实践活动赋予了自然以社会历史性,自然成为人的实践活动的"第一源泉",实现自然人化和人化自然的辩证统一。西方资本主义国家充分利用人与自然的这种社会的历史的统一性,运用技术理性控制自然以达到控制人的目的。

霍克海默与阿道尔诺的《启蒙辩证法》,通过分析荷马史诗《奥德赛》看到了启蒙与神话的轮回。《奥德赛》的主角奥德修斯就是西方资产阶级最早的一个原型,通过祭祀中的牺牲等方式挣脱自然神设下的层层阻碍,隐喻西方资产阶级从对宗教和自然的恐惧中摆脱出来,运用理性与科学征服自然,而技术理性盛行必然带来生态危机。霍克海默和阿道尔诺认为,科技发展不是价值中立的,它在帮助人类对自然祛魅,实现文明进步的同时,又成为资本主义对人的统治的工具,"人类祛除对自然神秘力量的恐惧心理的过程其实也是人类对内在自我确证的过程,其也是人类丧失自身的过程"[3]。由自然到人的统治,揭示了西方发达工业社会资本逻辑对自然的破坏作用和资本主义制度对人的压抑。启蒙精神导致的对理性和科学的崇拜,使启蒙蜕化为新的神话,"启蒙在为现实社会服务的过程中,逐步变成为对大众的彻头彻尾的欺骗"[4]。

马尔库塞认为:"在发达工业社会条件下,满足总是依赖于破坏,支配自然总是依赖于违背自然,寻找新能源总是依赖于破坏生活环境,安全总是依赖于奴役,国家利益总是依赖于全球扩张,而技术进步则总是依赖于持续不断地操纵和控制人类。"[5]资本主义国家对人的操纵和控制远不止于技术本身,

---

[1] [德]马克斯·霍克海默. 批判理论[M]. 李小兵, 译. 重庆: 重庆出版社, 1989: 192.
[2] [德]施密特. 马克思的自然概念[M]. 欧力同, 吴仲, 译. 商务印书馆, 1988: 77.
[3] 包桂芹. 探寻启蒙理性的源史[J]. 内蒙古民族大学学报(社会科学版), 2009, 35(02): 57.
[4] [德]马克斯·霍克海默、西奥多·阿道尔诺. 启蒙辩证法:哲学断片[M]. 渠敬东, 曹卫东, 译. 上海: 上海人民出版社, 2006: 34.
[5] 马尔库塞文集(第5卷)[M]. 黄晓伟, 等译. 北京: 人民出版社, 2019: 301.

技术的发展和应用推动资本主义国家生产力水平提升的同时产生了生产过剩危机。为了解决这一危机，资本家们开始通过各种手段制造"虚假需求"来推动消费，人被物所裹挟，不断投入到非生活必需品的消费当中，这就是马尔库塞在《单向度的人》中描绘的异化消费现象。当大众沉浸在虚假需求得到不断满足的快感中时，就会被这种快感所麻痹，进而失去面对现实社会和时代问题的锐气，就会不断接受政治、经济、文化等各个方面异化了的生活，资本主义的目的就达到了。

生态社会主义批判地继承和发展了法兰克福学派关于人与自然关系的思想、技术理性批判、消费主义价值观批判及解决生态危机必须要实现自然的解放等观点，形成了"控制自然"的意识形态批判、技术异化批判和异化消费批判等生态批判理论，明确未来社会必须是社会主义社会。尤其是技术异化和异化消费理论，构成生态社会主义对资本主义存在的合理性批判的有力武器。法兰克福学派关于技术理性批判和消费主义的价值观批判旨在揭示"资本如何利用科学技术进步所带来的巨大的社会物质财富，通过宣扬消费主义价值观来支配人们的内心世界，维系资本追逐利润和政治统治"[①]。与之不同的是，生态社会主义侧重阐释技术异化、异化消费与生态危机的关系，并且明确阐明科技本身并不带有意识形态色彩，而是受到支配技术应用的社会制度和对应的价值观念的影响。生态社会主义既分析了技术异化和异化消费引发生态危机的具体逻辑，也明确阐明了生态危机产生的原罪不在于技术本身，而在于资本主义条件下技术的非理性应用。

三、生态学、系统论和未来学

第二次世界大战后，伴随世界各国工业化进程加速推进而来的是环境问题的日渐突出。在此背景下，自然科学领域如雨后春笋般地诞生了生态学、系统论、未来学等学科，生态学的兴起、生态系统概念的出现、"深生态学"创造性观点的提出、未来学对人类社会未来的预测和探讨，为生态社会主义

---

① 王雨辰. 法兰克福学派生态批判理论及其效应[J]. 北京大学学报（哲学社会科学版），2022，59(04)：37-46.

思想的形成提供了丰富的理论源泉。

生态学的诞生和发展是伴随着西方工业革命以来的生态环境的发展而变化的。吉尔伯特·怀特在1789年创作的《塞尔伯恩的自然史》一书被看作是"工业技术革命后世界历史上最早的生态思想的诞生"[①]之作。德国动物学家海克尔是"生态学"这个名词的发明者，1866年海克尔首次明确生态学的概念，将其定义为研究动物与其有机及无机环境之间相互关系的科学。1949年，利奥波德的《沙乡年鉴》"第一次把人与自然的关系和生态学思想引入伦理学领域……标志着生态伦理学的诞生"[②]。

生态学在对现代性社会科学理性原则的根本性批判中形成了浅生态学与深生态学的生态伦理思想，二者从本体论角度的不同认知形成了两种不同的生态价值观。浅生态学是西方文明面对工业化发展进程带来的生态环境问题形成的对人与自然关系的认识，它从人的价值和尊严出发探寻生态危机的解决之道，是面对生态环境困局的被动思考，形成了人类中心主义的生态价值观。挪威著名的环境哲学家阿伦·奈斯在反思浅生态学的过程中，结合哲学、伦理、经济、政治、文化教育等内容，形成了相对于浅生态学的、一种有益于人类从根本上克服生态环境危机的哲学范式。奈斯在1972年9月召开的世界未来研究大会上首先提出深生态学一词，次年，奈斯发表了《浅层与深层，一个长序的生态运动》一文，列举了深生态学和浅生态学的特点，充分比较了二者的区别。1985年，奈斯发表的《生态智慧：深层和浅层生态学》一文则全面总结了自1972年以来的深生态学的发展情况。奈斯一生为深生态学创立了两个"最高规范"或"直觉"，即"自我实现"和"生物中心主义的平等"。什么是真正的"自我"？在奈斯看来，这种在人与生态环境的交互关系中实现的"大自我"或"生态的自我"，才是人类真正的自我。"生物中心主义"是一种"生物圈民主"，即"在生物圈中的所有事物都有一种生存与发展的平等权利，有一种在更大的自我实现的范围内，达到他们自己的个体伸张和自我实现的形式的

---

① 于文杰，毛杰. 论西方生态思想演进的历史形态[J]. 史学月刊，2010(11)：103.
② 于文杰，毛杰. 论西方生态思想演进的历史形态[J]. 史学月刊，2010(11)：106.

第二章 西方生态社会主义思想的生成语境

平等权利。"①中国学者王正平深刻总结了深生态学揭示的八个最重要的现代环境价值观念。一是生态"大自我"的环境整体主义观念；二是"所有的自然物具有内在价值"观念；三是"生命物种平等"观念；四是"生命的丰富性和多样性"观念；五是"物质上的足够使用和再利用"观念；六是"恰当的技术，非主宰的科学"观念；七是"控制人类人口增长"观念；八是"手段简单，目的丰富"观念。②总的来看，无论是浅生态学的人类中心主义，还是深生态学的生态中心主义，都难免走向生态伦理的乌托邦。卡逊的《寂静的春天》对人们所面临的生态问题的直观揭示，使人们开始将生态问题的解决诉诸政党政治和生态运动。

1968年，理论生物学家路德维格·冯·贝塔朗菲出版的《一般系统理论：基础、发展和应用》一书，较为系统地阐述了系统论的主要思想，系统思想成为一门科学，被称作是蓬勃发展的系统运动的"圣经"。系统论的核心思想是系统的整体观念，要素是整体中的要素，要素之间相互关联，形成不可分割的整体。贝塔朗菲借用亚里士多德的"整体大于部分之和"的名言来说明系统的整体性并不是各个部分的机械组合或简单相加，系统的整体功能要优于各要素在孤立状态下的功能。系统论不仅是科学理论，能够反映客观规律，而且具有方法论意义，能够指导具体实践。贝塔朗菲之所以使用"system approach"表示系统论，是因为"system approach"既可翻译成系统方法，也可译成系统论，恰如其分地表明这门学科集理论性质和方法论性质相统一的特点。系统论作为一种方法论，能够指导人们在研究和处理对象的过程中，运用整体思维分析对象系统的结构和功能，研究系统、要素、环境三者的相互关系和变动的规律性。③系统论的系统阐发及其方法论作用促动着生态学与系统论的有机结合，运用生态系统方法研究生态学，逐步形成生态系统理论。在生态系统领域最具影响力的代表性人物就是尤金·奥德姆。奥德姆将生态

---

① Louis P Pojman. Environmental Ethics: Readings in Theory and Application[M]. Boston: Jones and Bartlett Publishers, Inc., 1998: 146.

② 王正平. 深生态学：一种新的环境价值理念[J]. 上海师范大学学报(社会科学版), 2000, 29(04): 10-12.

③ [美]路德维希·冯·贝塔朗菲. 一般系统理论基础、发展和应用[M]. 林康义, 魏宏森, 译. 北京：清华大学出版社, 1987: 112-113.

系统定义为"一定区域内所有生物（即'群落'）与其自然环境相互作用，使系统中能量流动，明显形成营养结构、生物多样性和物质循环（即生物与非生物间的物质交换）的统一体"[①]。在奥德姆看来，整个地球由一系列重叠的生态系统组成并且通过内部有序循环而实现"内稳态"，人类也是生态系统的重要组成部分，需要在生态系统中得到自身生命的支持。但是，人类将其对物欲的贪婪释放在生产活动上，试图强行生产更多有用的商品，实际上就是在毁灭自身生命的支持系统。因此，奥德姆建议生态学应成为公众必修课，以此对人类活动进行限制，实现生态系统保护的目的。

1943年德国政治学者奥·弗莱希泰姆首次提出了未来学这一术语，自此展开了学界从现代意义上对"未来"这一对象的系统研究，"未来学"逐步发展成为一门学科。1968年，奥雷利奥·佩切伊带着他对世界的深刻关切和对人类的永恒的信念，为解决人类当前和未来的困境问题而带头成立了罗马俱乐部。1972年，罗马俱乐部发表了在未来学领域极具影响力的研究报告——《增长的极限》。该报告指出，地球人类的未来与"人类福利"和"人类生态足迹"相关，资源的过度使用和废弃物排放将导致地球生态约束，"人类将不得不付出更多的资本和人力去打破这些约束，这些约束是如此之多以至于我们的平均生活质量将在21世纪的某些时候出现下降。"[②]最后，报告呼吁："通过技术、文化和制度上重大、前瞻和社会性的创新来避免人类生态足迹的增加超出地球的承载能力。"[③]《增长的极限》对西方未来学研究产生了重大影响。1974年，罗马俱乐部的又一力作《人类处于转折点》问世，与《增长的极限》阐明的观点一道，构成"增长极限"理论的基本观点。1973年美国社会学家丹尼尔·贝尔的《后工业社会的来临：对社会预测的一项探索》一书思考了"人类向何处去"这个关乎人类命运的重要命题。美国著名未来学家阿尔文·托夫勒1970年出版了《未来的冲击》，1980年出版了《第三次浪潮》，1990年出版了《权力的转

[①] Eugene P Odum. Fundamentals of Ecology[M]. Philadelphia：W B Saunders，1971：8.
[②] 德内拉·梅多斯，乔根·兰德斯，丹尼斯·梅多斯. 增长极限[M]. 李涛，王智勇，译. 北京：机械工业出版社，2013：XXIII.
[③] 德内拉·梅多斯，乔根·兰德斯，丹尼斯·梅多斯. 增长极限[M]. 李涛，王智勇，译. 北京：机械工业出版社，2013：XXIII.

移》，被称作是"未来三部曲"，享誉全球，成为未来学巨擘。[①] 生态社会主义者萨卡从"增长极限"研究范式出发展开对苏联社会主义模式失败原因的生态批判和反思。苏联粗放型的经济增长模式以及对生产发展的狂热精神带来了发展过程中的高污染、高消耗，远远超越了苏联的粮食、自然资源和环境的承载能力，加之苏联不像一些西方国家通过帝国主义行径对殖民地进行生态殖民，所以，苏联必然面临增长极限。在萨卡看来，苏联社会主义模式失败的一条重要原因就是生态破坏，进而影响到苏联经济的可持续发展和人民生活水平的提高，以至于使苏联在内忧外患下走向解体。

生态社会主义不仅对资本主义和传统社会主义进行了深刻批判，更对未来理想社会的图景和实践路径进行了构想，这种基于未来学而对人类未来理想社会进行擘画的目的与未来学研究的旨归都指向了人类社会未来的有序、健康发展。

第三节 西方生态社会主义思想的发展轨迹

20世纪中期以后，生态危机日益严峻，人们开始寻找新的批判工具去解释生态问题的社会根源，而马克思主义作为一种制度性批判学说，恰好可以提供理论基础和方法论。西方马克思主义者致力于把生态学与马克思主义相结合，通过重构马克思主义理论以开辟马克思主义的生态视域，并对资本主义展开激烈批判，"它不仅在思想上深入挖掘马克思主义批判资本主义的理论资源，结合当代发展进一步阐发，而且谋求全球合作、组织现实的反抗资本主义运动"[②]。生态社会主义的发展过程就是生态理论的不断完善和政治斗争的不断发展的过程。

生态社会主义是西方绿色运动和社会主义运动相互影响、交互发展的产物。20世纪70年代，德国绿色运动如火如荼地进行，生态社会主义应运而

---

① 孙建光. 国外未来学研究的历史、现状与趋势[J]未来与发展, 2021, 45(11): 55.
② 张剑. 2020年生态社会主义发展前沿动态[J]. 世界社会主义研究, 2021, 6(01): 81.

生。20世纪80年代以后，随着绿色生态运动的发展，生态社会主义思潮在整个西欧迅速崛起。德国绿党公开打出"生态社会主义"的旗号，澳大利亚共产党首先提出了"红绿联盟"的纲领。共产党人、社会民主党人也从最初对绿党的拒斥转向谋求与绿党结盟。"从红到绿"概括了欧洲相当一部分人从传统社会主义转向生态社会主义的过程。在形形色色的生态运动和"主义"中，生态社会主义独树一帜，试图以社会主义理论解释当代生态危机，为克服人类生存危机寻找一条通向社会主义的现实出路。① 生态社会主义提出了以生态平衡为基础、以满足人的需要为目标、关注人与自然和谐的社会主义理论，主张建立人与自然和谐统一为基础的生态社会主义社会，是最具"红色"的"绿色"思想。具体来看，生态社会主义的发展大体经历了萌芽、发展、成熟这几个主要阶段。

第一个阶段是20世纪70年代初的萌芽时期，也是"红色绿化"阶段。这一阶段的主要代表人物是亚当·沙夫、鲁道夫·巴赫罗、赫伯特·马尔库塞、默里·布克金等，"他们试图将社会主义运动和生态运动相结合，要求建立一个非暴力的群众联盟。'从红到绿'代表了他们政治道路的典型特征，概括了70年代欧洲部分左翼从传统社会主义转向生态社会主义的过程。"② 他们虽不是纯粹的生态社会主义者，但却是为生态社会主义形成而奠基的实践派。

亚当·沙夫是波兰著名哲学家、新马克思主义者。沙夫承认历史唯物主义重要地位且肯定马克思、恩格斯对历史唯物主义时代性特质的阐发。他指出："当社会生活发生了深刻变化，而这种变化又同生产方式的变化和随之而来的社会阶级结构和社会观念的变化密切相关时，那么这一时期在社会上占统治地位的观念也必然随之发生变化。这一观点看来是天经地义的事。可以这样说，这是马克思主义观察社会生活的方法。"③ 表明其对时代发展的深刻关切，沙夫强调必须基于对新的社会现实的研究来探寻未来的新社会主义。④ 1968年4月，罗马俱乐部成立，沙夫积极参与罗马俱乐部活动，成为共产党人中较早参与生态运动的人，后任罗马俱乐部执行委员会主席。鲁道夫·巴

---

① 周穗明. 生态社会主义述评[J]. 国外社会科学, 1997(04): 8-9.
② 李厚羿. 论当代西方生态社会主义思潮[J]. 马克思主义学刊, 2020, 8(03): 131.
③ [波兰]亚当·沙夫. 做马克思主义者，不做教条主义者[J]. 曾天, 译. 当代世界社会主义问题, 1999(02): 46.
④ 许恒兵. 亚当·沙夫历史唯物主义观概论[J]. 中共南京市委党校学报, 2014(03): 9.

第二章 西方生态社会主义思想的生成语境

赫罗曾是东德统一社会党党员,到西德后成为西德著名社会活动家、绿党主要理论家,被称作"西方社会主义生态运动的代言人"。巴赫罗倡导建立一个由绿党、生态运动、妇女运动和一切进步的非暴力社会组织组成群众联盟,以推动"绿色"和"红色"政治力量的结合,其代表作《从红到绿》凸显了巴赫罗的红绿交融倾向。法兰克福学派的赫伯特·马尔库塞从社会批判的角度对资本主义社会生态危机进行揭露和批判。在认识论层面,马尔库塞把自然问题看作社会问题,他认为,科技异化、异化消费、人与自然关系的异化是造成生态危机的重要原因,而生态危机恰是社会危机在自然界中的反映。在实践论层面,马尔库塞把自然的解放与人的解放结合起来,认为自然的解放是人的解放的物质前提,由此提出了发展和解放技术、超越异化消费和实现人与自然和谐统一的解决方案。

第二个阶段是20世纪80年代的发展时期。这一时期涌现出了大量生态学马克思主义者,呈现出前所未有的兴盛局面,主要代表人物有:加拿大的本·阿格尔、威廉·莱斯,法国的安德烈·高兹,德国的瑞纳·格伦德曼。这一时期的理论成果是在20世纪六七十年代对生态危机问题的发现和轰轰烈烈的绿色运动中逐步实现社会主义运动与生态运动相结合的现实条件下形成的,呈现"红绿交融"的景象。这一时期的学者多从理论层面对马克思历史唯物主义进行生态阐释与重构,围绕资本主义制度、生产方式、帝国主义行径进行生态批判,还未上升至对未来社会的系统思考。但从理论导向和对资本主义生态批判的情况来看,一部分学者对资本主义抱有改良的态度,企图通过技术、财税政策、绿色经济等方面展开对资本主义的救赎;另一部分学者坚定认为资本主义逻辑的反生态性必将导致资本主义走向覆灭,因而寄希望于社会主义社会。

威廉·莱斯的研究领域广泛,涉及政治学、社会学、环境学、交往理论、公共政策等领域[①]。莱斯的两部著作《自然的控制》和《满足的极限》对资本主义进行了深刻批判,他提出的控制自然理论和异化消费理论,在生态社会主义的研究领域非常有影响力。与其他生态社会主义者不同的理论特色在于,莱

[①] 吴宁. 生态社会主义思想简论(上册)[M]. 北京:中国环境出版社,2015:38.

斯是"以哲学家特有的视角去分析导致生态环境问题的思想根源,他深入到人们行为的灵魂深处去挖掘产生生态环境问题的意识根性"[①]。

本·阿格尔也是加拿大的生态学马克思主义者,他的论著很多,代表作当属他的《西方马克思主义概论》一书。面对美国、加拿大等当代资本主义国家的自身危机及其引发的世界性的经济危机、生态危机的现实,阿格尔寄希望于北美的青年学生来改造他们正处在的这个丑恶、发狂的世界。《西方马克思主义概论》实际上就是阿格尔写给北美大学生,用于帮助他们研究人类现实斗争问题的实用教材,引导他们"在过去社会主义的成功和失败中将社会主义和马克思主义变为符合北美传统的非极权主义的体系"[②]。行文中,阿格尔在比较分析中系统阐述了他对马克思主义的见解,指出"马克思主义不是一种纯思辨的方案,不是流于自我欣赏的我行我素,而是一种方法,一种把解放理论和关于社会主义可能性的设想与被压迫人民的日常斗争联系起来的方法"[③],阿格尔首次提出"生态学马克思主义"的概念,将生态学马克思主义视作未来马克思主义主流形态并认为"生态学马克思主义"的思潮即将到来。

安德烈·高兹是法国著名的左翼理论家,一直战斗在反对资本主义的理论战线,随着国际社会主义运动、绿色运动的不断推进,高兹对资本主义的批判愈加激烈,著作颇丰。20世纪70年代前后,高兹试图将政治生态学和社会主义结合起来,这是高兹思想变化的关键转折期。1975年,《生态政治学》的出版标志着高兹已经转变为一个真正的生态学马克思主义者,在此期间发表的大部分文章揭示了资本主义生产和消费的本质,提出解决资本主义危机的方法是以社会主义生态和谐取而代之。1988年出版的《经济理性批判》和1991年出版的《资本主义、社会主义、生态学》都是高兹的重要代表作。尤其是《经济理性批判》一书,指出资本主义逐利本性的思想根源就是对经济理性的坚持,自此之后,经济理性成为资本主义生态批判与生态社会主义建构的重要理论依据。

---

① 解保军. 生态学马克思主义名著导读[M]. 哈尔滨:哈尔滨工业大学出版社,2014:16.
② [加]本·阿格尔. 西方马克思主义概论[M]. 慎之,等,译. 北京:中国人民大学出版社,1991:5.
③ [加]本·阿格尔. 西方马克思主义概论[M]. 慎之,等,译. 北京:中国人民大学出版社,1991:5.

第二章 西方生态社会主义思想的生成语境

第三个阶段是 20 世纪 90 年代及以后的成熟时期。美国的詹姆斯·奥康纳、约翰·贝拉米·福斯特、乔尔·科威尔，英国的戴维·佩珀，德籍印裔学者萨拉·萨卡等生态社会主义者们基于不同的研究基础，从不同的切入视角研究和分析以下几个方面的问题：一是生态危机的根源，二是对资本主义的生态批判，三是对传统社会主义的生态反思与批判，四是生态社会主义构想。基于这些问题的思考，生态社会主义者们形成了不同的生态社会主义思想，产生了生态社会主义理论内部的巨大张力。这一时期的理论争鸣为苏联解体、东欧剧变后的世界社会主义运动打了一针强心剂，在逆境中诞生了研究范式各异、却又共同致力于描绘未来理想社会的理论成果，是生态社会主义思想的集大成时期。

詹姆斯·奥康纳是美国新马克思主义经济学家、生态社会主义者。奥康纳最初展开学术研究的对象是美国等资本主义国家经济和意识形态，出版了《国家的财政危机》《垄断资本》《积累危机》《企业和国家》《危机的意义》等著作，详尽考察了资本主义经济发展模式及意识形态与资本主义经济危机之间的必然关联。20 世纪 90 年代以来，面对生态危机的全球化及苏联解体、东欧剧变，奥康纳更加坚定地捍卫马克思主义并以此为武器，出版了生态社会主义领域颇有影响力的著作——《自然的理由——生态学马克思主义研究》。奥康纳将《自然的理由——生态学马克思主义研究》的主要内容划分为三个部分，第一部分是"历史与自然"，共五章内容，阐述了马克思主义在人类与自然界的相互作用问题上的辩证唯物主义的思考方法，展现了奥康纳文化唯物主义生态哲学。第二部分"资本主义与自然"是这部著作的重点内容，这部分内容运用了较大篇幅考察了"生态危机"，论述了生产的条件与条件的生产，提出了资本主义的第二重矛盾理论，指明了资本主义积累、不平衡的联合的发展与经济、生态危机及全球生态危机的关联，否定了可持续性发展的资本主义的可能性。[①] 第三部分"社会主义与自然"以第二部分已经揭示的资本的矛盾理论为基础，旨在将激进的绿色思潮和环境运动融入社会主义运动中，实现生

---

① [美]詹姆斯·奥康纳.自然的理由：生态学马克思主义研究[M].唐正东，臧佩洪，译.南京：南京大学出版社，2003：1.

态学和社会主义相结合，描绘其对生态社会主义的构想。在该部分中，奥康纳论证了生态社会主义的必要性和可能性，分析了以苏联为代表的传统社会主义国家社会制度与自然、生态学的关系，提出了社会主义和社会运动相结合的具体主张与实践路径。奥康纳将传统社会主义与生态学社会主义相比较，在比较中形成奥康纳心中的生态社会主义的"形象"。奥康纳认为，"生态社会主义是一种生态合理而敏感的社会，这种社会以生产手段和对象、信息等的民主控制为基础，并以高度的社会经济平等、和睦以及社会公正为特征，在这个社会中，土地和劳动力被非商品化了，而且交换价值是从属于使用价值的"[①]。

约翰·贝拉米·福斯特出生在美国的一个左翼家庭，深受马克思主义理论的影响，对马克思、马尔库塞、黑格尔的主要思想均有研究和了解。20世纪90年代左右，福斯特在深刻把握历史唯物主义理论、物质变换理论、人与自然的关系理论后指明，马克思的资本主义批判理论及马克思、恩格斯关于人与自然关系的思想能够充分揭示当代社会环境问题的根源。在此基础上，福斯特形成了生态唯物主义哲学并对物质变换断裂理论进行重构。福斯特在其著作《生态危机与资本主义》中阐明资本主义的反生态本质，得出资本主义生态危机的不可逆性，对资本主义的"改良者"提出的各种解决生态危机的方案予以一一否定。除此之外，福斯特还深刻批判了发达资本主义国家的生态帝国主义行径，即发达资本主义国家对第三世界国家的生态殖民与生态剥削，让本就贫困落后的"边缘国家"饱受环境恶化之苦。资本主义的不正义性让福斯特更加坚信非社会主义无法解决已经成为全球危机的生态危机，因此，福斯特提出了自己的生态社会主义构想，从人与自然的关系、发展观、所有制、政治和社会生活、经济运行机制、变革社会的主体等几个方面勾勒了生态社会主义的基本图景。

戴维·佩珀是英国开放大学的教师，从对地理的研究延伸至对生态环境的关注，从地理学和历史唯物主义的视角探讨环境问题的根源，清醒地保持

[①] [美]詹姆斯·奥康纳. 自然的理由：生态学马克思主义研究[M]. 唐正东, 臧佩洪, 译. 南京：南京大学出版社，2003：439-440.

对生态中心主义的理性。佩珀的主要著作有《地理环境多样性》《生态社会主义：从深生态学到社会正义》《现代环境主义导论》和《环境主义：批判性概念》等，其中《生态社会主义：从深生态学到社会正义》的问世使佩珀成为西方生态社会主义领域的代表性人物。该部著作系统挖掘与阐述了唯物主义的生态意蕴，否定了部分生态主义者将马克思主义与生态学相对立的观点。佩珀运用大量篇幅批判了生态中心主义理论，否定了部分生态主义者将自然与环境问题归因于人的一贯做法。澄明了生态环境的敌人不是人类本身，而是资本主义生产方式，提出了新人类中心主义的观点。最后，佩珀阐发了生态社会主义的主张，构建了激进的生态社会主义理论。

萨拉·萨卡是20世纪90年代以来生态社会主义思潮的代表性人物。萨卡出生于印度的西孟加拉邦，自1982年起移居德国的科隆市。此后，他积极参与德国的生态环境运动与绿党政治，发表了大量关于绿色与选择性政治的著述，主要著作有《西德的绿色选择政治》《生态社会主义还是生态资本主义》《资本主义危机——一种不同的政治学批判》。其中《生态社会主义还是生态资本主义》影响最盛，使萨卡成为当代西方生态社会主义领域的代表性学者之一。与詹姆斯·奥康纳、约翰·贝拉米·福斯特、戴维·佩珀等学者一样，萨卡毫不吝啬对资本主义的生态批判，但相较于其他西方生态社会主义者，萨卡并不局限于对资本主义及其替代性选择——生态资本主义的批判，在他的经典著作《生态社会主义还是生态资本主义》中，萨卡独具特色地基于苏联的生态变化，从"增长极限"和"道德沦丧"视角对苏联社会主义模式进行批判。萨卡不仅由抽象到具体地对苏联解体原因进行了创新性解读，也强调了建设可持续社会的极端重要性。萨卡对西方学者提出的另一可能替代性选择——市场社会主义也进行了深刻批判，并遵循"解构—建构"的逻辑提出生态社会主义构想。

第三章　西方生态社会主义对资本主义的生态批判

18世纪中叶，从英国资产阶级开启第一次工业革命，建立起资本主义社会生产力系统之时，美国、法国、德国等国家也相继完成了资产阶级革命和产业革命，"资产阶级在它的不到一百年的阶级统治中所创造的生产力，比过去一切世代创造的全部生产力还要多，还要大。"[①]的确，马克思曾对资本主义所创造的生产力感到惊叹并认为生产力的发展是推动人类社会进步的主要动力，但生产力的发展绝不能作为目的本身而存在，技术进步所带来的应是社会必要劳动的减少和随之而来的自由时间的增加，而不应成为实现产品无限增长的契机。

当资本主义国家因科技革命获得征服自然和控制自然的工具手段之时，却不知马克思在《中国革命和欧洲革命》一文中早已看清资本主义大繁荣下潜藏的、已经日益迫近的工业危机，而工业危机背后就是更深层的生态根源，发生在20世纪的"八大公害事件"就是对马克思这一判断的鲜明例证。资本主义工业文明发展带来物质水平提升的同时也带来了生态环境的破坏，黑色烟雾、黑色污水代表了工业文明的底色，所以，一些学者认为资本主义工业文明应该被称作"黑色文明"。萨卡认为，资本主义社会存在着两对基本矛盾：一对是生态与资本主义工业经济的矛盾；另一对是资本主义精神与正义及社会福利的矛盾，资本主义的逐利本性必然带来生态破坏和社会的不公正。

资本主义工业化进程带来越来越多的生态问题并向全球扩散，环境保护

---

① 马克思恩格斯选集(第1卷)[M].北京：人民出版社，2012：405.

主义者、绿党组织和生态社会主义者纷纷对此予以不同程度的批判。生态社会主义对导致全球生态危机的始作俑者——资本主义展开的批判无疑是最深刻的,生态社会主义以马克思主义自然观和方法论为基础,继承法兰克福学派批判理论,结合生态学、系统论、未来学的相关内容揭示了资本主义的反生态本性,谴责了生态帝国主义行径,破灭了生态资本主义的幻想,从生态视角敲响了资本主义必然灭亡的"丧钟"。

第一节 经济危机与生态危机

从马克思恩格斯到法兰克福学派再到西方生态社会主义者,都对资本主义展开了全面而深刻的批判,资本主义生态批判就是其中的重要论题。一段时期以来,资本主义经济危机周期性出现,人们关注经济危机带来的经济萧条,但却没人关注其中的怪异现象。经济危机不是在经济衰落的时候发生,反而总是在经济大繁荣的时期爆发,这一怪异现象使得人们不得不重新思考资本主义社会所面临的危机难道仅仅是经济层面的危机吗?经济在一定时期内的萧条是不是危机的上限?答案是否定的,资本主义经济危机的怪异表现的实质是"人类无限欲望与生态系统有限资源的冲突,使经济繁荣与危机总是并存"[①]。周期性经济危机只是资本主义社会危机的表象,其本质说明了生态阈限不可逾越的严酷事实,生态危机正逐步取代经济危机成为资本主义社会的主要危机,生态危机虽然可以延缓经济危机的爆发,但却酝酿着更大的生态危机。

在资本主义制度下,经济危机逐步演变为生态危机,生态危机又进一步加剧经济危机。2008年,一场由美国次贷危机引发的金融危机迅速席卷全球,金融危机的实质是经济危机,而经济危机的背后则是资源配置失衡。所以,资本主义经济危机的爆发就是资本主义国家在经济运行机制对资源不合理配

---

① 林卿. 金融危机、经济危机与生态危机[J]. 福建师范大学学报(哲学社会科学版),2010(01):18.

置达到极端时所采取的最激烈的自我调节方式。经济危机是一把双刃剑,调节资源配置使其趋向合理,是经济危机带来的阶段性良性后果。资本主义国家为什么会周期性地爆发经济危机?难道没有彻底解决的方法吗?答案是没有。资本主义经济危机的根源在于资源配置的失衡,而这种失衡是动态的,其失衡的表现至少体现在以下两个方面:一是供求失衡,供求失衡一方面表现在供不应求,人类不断膨胀的欲望与资源的有限性之间的矛盾时刻存在,这种失衡即不协调并没有伴随科技的进步与生态资源供给能力的提高而得到永久性的解决;另一方面则表现为供过于求,资本主义社会因资源占有的不平衡,使得社会贫富差距不断拉大,导致消费不足的问题。二是资源浪费,一方面表现在特定资源在资本主义逐利本性和有限技术的应用下,并没有形成可能的最优资源组合,也没有释放出最大的生产潜力;另一方面,资本主义社会营造的不合理的消费观进一步造成了资源的无谓浪费。生态系统为经济社会发展提供必要资源,是经济社会发展的重要前提和决定性因素,直接影响到经济发展的规模与速度。劳动与技术对经济增长的促进作用也必须建立在生态系统的供给能力的基础上,巧妇难为无米之炊就是这个道理。在有限资源的条件下,促进资源配置的平衡就需要处理好人类欲望与生态系统的资源供给能力之间的关系。但这并不代表着要放弃人类不断进步的希望,也不是从更加全面满足人类真正需要的意义上停止财富的增长,然而资本主义国家按"唯利是图"的原则通过市场"这只看不见的手"为少数人谋取狭隘机械利益的能力,不可避免地要与自然界发生冲突,同时也与特定的社会和历史制约发生冲突。[①]所以,资本主义和工业经济的内在增长逻辑使得资本主义注定难以协调二者之间的关系。

那么,生态危机到底已经达到什么样的程度了呢?福斯特在《脆弱的星球》的开篇就回答了这一严肃问题。福斯特认为,人类社会已走到了极其危险的关口,从地球要为人类服务的意义讲,它的破坏程度已使自然的大部分难以为继,并已严重威胁着人类社会自身的生存与发展。哈维等人不愿承认人

---

① [美]约翰·贝拉米·福斯特. 生态危机与资本主义[M]. 耿建新,宋兴无,译. 上海:上海译文出版社,2006:69.

类已经面临生态危机、生存危机的事实,指责包括福斯特、蕾切尔、康芒纳在内的对生态危机有过透彻分析的人是在危言耸听,这实际上是资本主义及其经济学家们对生态问题的尽力回避。在哈维等人看来,我们面临的环境恶化问题只关乎舒适度,达不到影响人类生产生活的程度。福斯特则表示应该尊重世界级科学家而不是那些无知者和世界末日预言人,是这些世界级科学家拉响了全球生态危机的警报而不是别人。

第二节 资本逻辑的反生态本性

《贝伦生态社会主义宣言》明确指出,"对利润无尽追求所造成的生态破坏并非是资本主义的偶然性特征。它已经渗入到这个系统的每一个基因之中,根本无法通过改良消除掉"[①]。正如福斯特在《生态危机与资本主义》一书中指明的那样,"生态和资本主义是相互对立的两个领域,这种对立不是表现在每一实例之中,而是作为一个整体表现在两者之间的相互作用之中"[②]。洞察资本主义与生态之间不可调和的矛盾是生态社会主义的关键论题,西方生态社会主义者从不同角度指认了资本主义制度及其生产方式的反生态本性。当然,这一过程不是独立存在的,它是构建生态社会主义理论的重要前提。

一、"控制自然"的资本主义意识形态是生态危机的思想根源

在全球生态危机的背景下,威廉·莱斯并没有对人类面临的具体生态问题予以揭示和分析,而是独树一帜地对生态危机产生的思想根源进行了深入思考并提出了"控制自然"的概念。莱斯认为,生态危机产生的根源,正是人类"控制自然"的思想观念。对此,莱斯在其代表作《自然的控制》一书中对资本主义"控制自然"的内在逻辑展开了具体分析与批判。

[①] 伊恩·麦格瑞、乔尔·科威尔、迈克尔·洛威. 贝伦生态社会主义宣言[J]. 其长久, 译. 当代世界社会主义问题. 2010(02): 96.

[②] [美]约翰·贝拉米·福斯特. 生态危机与资本主义[M]. 耿建新, 宋兴无, 译. 上海: 上海译文出版社, 2006: 1.

莱斯认为,"控制自然这一观念是自相矛盾的,它既是其进步性也是其退步性的根源,研究它的历史起源和后来的演变,可以揭示这一概念的内在矛盾。"①威廉·莱斯从古希腊哲学、宗教和文艺复兴时期及之后的工业革命对人与自然关系认知的不断变化,证明"控制自然"意识形态形成的历史必然性及其内在矛盾。莱斯认为,人类征服自然的欲望伴随着思想的解放、对"自然的迷恋"、改造自然的工具的不断完善而得到不断释放。人们从一开始就认识到自然界存在着一种神秘力量,却抱着一种"既渴求又恐惧的矛盾情绪",这种矛盾情绪体现在对自然的利用是否会影响人类的长远发展的心理上,所以,这时的人们需要用宗教的方式来驱除这种恐惧。在宗教的影响下,从君权神授到天赋人权,强调"对某些领域,人对自然享有与上帝共有的优越",基督教要求人敬畏上帝,但却没有要求人要敬畏自然,基督教徒"可以以一种不关心自然对象的心情去开发自然"②,使得人统治自然、管理自然变得顺理成章,这一宗教意识与西方文化传统融为一体,这也是"控制自然"的观念形成的重要根源。

随着文艺复兴运动的到来,这一时期的思想家高扬人的力量和人在"控制自然"过程中赖以依存的科学技术的力量,中世纪英国哲学家弗朗西斯·培根就是其中的代表人物。培根新哲学的思维范式实现了由"神"向"自然"的转向,成为"控制自然"观念形成的重要思想基础。培根将科学技术与控制自然紧密联系在一起,充分肯定科学技术的社会作用,认为"人类通过科学技术来控制自然是人类主体意识成熟和发展的必然,也是社会进步的重要尺度",成功开辟了通过科学技术发展实现"控制自然"的目的的道路。③ 所以,莱斯认为,文艺复兴"在积极提高对自然(它的'秘密'和它的'财富')的劳动兴趣方面迈出了第一步"④。人们相信科学技术的力量,"控制自然"的行为也更加自然。到了文艺复兴晚期,人们通过科学技术手段控制自然的观念已经形成。随着科学技术的不断发展,到了19世纪之后,科学技术对自然的控制从理论到实践都

---

① [加]威廉·莱斯. 自然的控制[M]. 岳长龄,李建华,译. 重庆:重庆出版社,2007:序言6.
② [加]威廉·莱斯. 自然的控制[M]. 岳长龄,李建华,译. 重庆:重庆出版社,2007:26.
③ 解保军. 生态学马克思主义名著导读[M]. 哈尔滨:哈尔滨工业大学出版社,2014:19.
④ [加]威廉·莱斯. 自然的控制[M]. 岳长龄,李建华,译. 重庆:重庆出版社,2007:31.

走向了成熟,"通过科学和技术进步来控制自然被理解为一种社会进步的方法"①。

正是科学技术的加持,使得"控制自然"的过程十分顺利,"控制自然"成为一种普遍的社会共识,但阶段性的成功不代表其内在逻辑和意识的正义性,"控制自然"的内在矛盾必然带来矛盾的外化,"控制自然"的"理性机巧"裹挟的非理性意蕴被莱斯道破。莱斯认为,对"控制自然"意图的认识应该从现象深入到本质,即从一开始防止被自然控制到控制自然,表面上看是为了实现自然的解放和人的解放,其本质是为了"控制人",进而控制社会。对此,黑格尔在《精神现象学》一书中进行了推理分析。黑格尔认为,控制的基本特征之一是为了承认主人的权威而斗争,控制的对象必须具备服从意识,自然是无意识的存在,只有人才有意识,所以也只有人能作为被控制的对象。因此,"控制自然"的根本目的和意义就是为了实现人控制人。撇开"控制自然"和"控制人"之间的联系而抽象地谈论"控制自然"的观念,就无法深入理解"控制自然"观念的本质内涵。

在莱斯看来,"控制自然"总是"以普遍的名义被说成是人类的任务,它会为整个人类而不是任何特殊利益集团带来利益"②。但是,"控制自然"的具体表现及给人类社会和自然带来的危机,使人们意识到"'控制自然'似乎不是人类的伟大事业,而是维护特殊统治集团利益的手段"③。莱斯明确指出,第一个出现"控制自然"意识形态的就是资本主义社会,资本主义社会的资本家为了获取更多的自然资源,必然要"控制自然",为了实现更多更持久的利润,必须实现"控制人"和整个社会的目标。正是这种"控制自然"的观念和资产阶级"控制人"的意识形态相结合,导致了人们征服自然的野心无限膨胀。霍克海默认为,这种愈加紧迫的控制必将遭受"自然的反抗",进而引发生态危机,必将遭受"人性的反抗",进而引发社会变革。所以,"控制自然"的观念是导致生态危机的最深刻的思想根源。

在人与自然的关系的"控制"中,到底应该控制什么?是自然吗?当然不

---

① [加]威廉·莱斯.自然的控制[M].岳长龄,李建华,译.重庆:重庆出版社,2007:49.
② [加]威廉·莱斯.自然的控制[M].岳长龄,李建华,译.重庆:重庆出版社,2007:150.
③ [加]威廉·莱斯.自然的控制[M].岳长龄,李建华,译.重庆:重庆出版社,2007:151.

是，莱斯认为，要控制的对象恰恰是人本身，要控制人的行为，是社会中存在的"集体非理性"。因此，莱斯认为，"控制自然"的观念必须得到重新阐释，"控制自然的任务，应当理解为把人的欲望中的非理性和破坏性的方面置于控制之下。这种努力的成功将是自然的解放，亦即人性的解放"①，在人与自然的和谐相处中得以实现自然和人的双重解放。

二、资本主义经济理性导致新陈代谢断裂

安德烈·高兹在马克思主义的资本批判和西方马克思主义的资本主义批判理论的基础上展开了对资本主义的生态批判，放眼整个生态社会主义领域，高兹的资本主义批判理论都堪称"最尖锐、最系统、最深刻"②。高兹认为，随着人类社会发展，逐渐出现一种非理性冲动的危机，即经济理性，高兹虽然提出了"经济理性"这一概念，但并没有对其进行明确定义。经济理性始于"计算与核算"，其基本原则是"越多越好"，其动机是实现利润最大化，体现的是资本主义的内在要求和资本主义的生产逻辑。概括来说，所谓经济理性，就是要求人们以尽可能少的时间与成本投入生产和销售尽可能多的产品，从而赚取尽可能多的利润。③ 经济理性所追求的生产要素使用的最大化、利润"越多越好"的生产逻辑与前资本主义时代"够了就行"的生产原则形成鲜明对比。正如列宁所总结的那样："在一切旧的经济制度下，每次生产更新的形式和规模都和从前一样，而在资本主义制度下，同一形式的更新是不可能的，无限扩大和永远前进成为生产的规律。"④

高兹认为，正是实现利润最大化的资本主义生产逻辑导致了生态恶化，生态危机已成为当代资本主义国家最典型的危机。高兹把经济理性看作资本主义经济危机和生态危机产生的根源，而生态危机又进一步衍生出其他各种危机，鉴于此，他主张应该从经济理性的批判视角着手分析资本主义生态危机并具体分析了资本主义生态危机生成的内在逻辑。高兹指出，资本主义企

---

① [加]威廉·莱斯. 自然的控制[M]. 岳长龄, 译. 重庆: 重庆出版社, 2007: 193.
② 陈学明. 谁是罪魁祸首: 追寻生态危机的根源[M]. 北京: 人民出版社, 2012: 358.
③ 吴宁. 生态学马克思主义思想简论(下册)[M]. 北京: 中国环境出版社, 2015: 336.
④ 列宁全集(第2卷)[M]. 北京: 人民出版社, 2013: 134.

业是自然资源、生产工具和劳动力等要素的联合体，这些企业的关注点不在于实现生产与自然的平衡、生产与人的生活相协调，也不在于使其生产的产品服务于公众，使劳动变得更加快乐，而在于如何花最小的成本、生产出最大限度的交换价值。为了实现资本积累的最大化，包括资本主义企业、资本家和资本主义国家必然会将资本的流动空间扩大到一切可以渗透到的领域当中，这其中就包括为资本生产提供重要原材料和能源基础的自然领域。只要这些资本主义企业对获取利润感兴趣，他们就会不可避免地最大限度地利用和控制自然资源以扩大生产。资本主义企业的生产动机必然导致生态破坏，生态危机就不可避免，资本主义生产就会难以为继，循环往复造成经济危机和生态危机相交织的恶性循环，究其根源就在于资本主义的利润动机。所以，经济理性支配下的资本主义制度终将走向没落，资本主义国家必然走向灭亡。

1992年5月30日，世界银行首席经济学家劳伦斯·萨默斯在《经济学家》杂志上回应了资本主义经济发展和生态环境保护二者之间矛盾问题，表明了自己的态度。他认为，对环境给予关注是当今时代和未来的一项必然要求，但是不必过于紧张，资本主义国家同样可以通过科学研究解决这一问题。而且在他看来，最值得关注的问题是减缓全球变暖的速度并不与付出的经济价值对等。所以，萨默斯认为，即使全球变暖也不会阻碍经济的增长，如果为了缓解全球变暖而投资一些没有收益或获益期很长的环保项目反而是不划算的，也不是最重要的事情。如果因此而导致经济衰退，那么就得不偿失了。萨默斯使用经济计算的方式衡量生态价值的行为，就是尊崇"经济理性"的表现，他忽视了经济发展对生态环境的依赖。

1992年6月里约地球峰会前，《经济学家》又刊发了一篇令人震惊且与这次峰会十分违和的文章，文章实际上也是在"精打细算"下发出不要指望气候协议在下世纪明显改变全球矿物燃料的产出的呼吁。这篇文章声称，与其相信气候协议的作用，不如认真享受可以得到的免费午餐以及理性地为能源定价，或者为可能到来的灾害买上保险，又或者寄希望于经济的极致发展，那么经济发展所带来的一切问题都可以迎刃而解。

在此次地球峰会召开的过程中，时任美国总统的乔治·布什一面宣称认真且同等对待环境和发展两个问题，一面又强调美国经济利益无与伦比的重要性。布什的观点看似前后矛盾,实则态度鲜明,孰轻孰重早有论断。在他看来,即便是环境因素,也不能撼动美国发展经济的决心。当年的英国《卫报》分析,布什之所以如此坚定立场,一是为了实现连任,二是出于环境成本的考量。

总的来说,资本主义国家包括资本主义经济学家和舆论媒体对其经济按照既有逻辑和生产方式继续下去而造成的生态后果,是能够预料到的。在资本主义国家看来,任何企图阻止未来可能会带来的生态灾难的行为都是对资本主义统治的挑战,因此只能放弃。

福斯特认为,资本主义国家将经济增长和利润放在首要位置的行为是目光短浅的表现,它所带来的后果将会超过资本主义国家自身,将会给整个世界的生存与发展带来困境。要想保证人类文明和地球生命的可持续性就必须有所作为,必须使越来越严峻的生态恶化趋势发生逆转。为了使人们更加深入理解资本主义逻辑、资本主义生产方式与生态恶化之间的必然联系,福斯特重新梳理和阐释了马克思的新陈代谢断裂理论,形成了他的又一部重要代表作——《马克思的生态学:唯物主义与自然》。

在这部著作中,福斯特纠正了人们对马克思生态学的种种错误认识。福斯特通过对马克思历史唯物主义思想的探究,系统地展现了马克思的生态思想。马克思不仅不是反生态的,而且在《资本论》《哥达纲领批判》中曾多次强调劳动并不是物质财富的唯一源泉,除此之外还有土地等。马克思引用威廉·配第的"劳动是财富之父,土地是财富之母"的观点证明,马克思不但没有将自然当作其理论阐释的"说明性旁白",而且从资本主义原始积累开始,马克思就敏锐地察觉到资本主义私有制与人和自然的敌对,开启了资本主义生态批判的先河。在唯物主义自然观和历史观基础上形成的深刻见解为我们所关注的生态问题提供了宝贵的、系统的理论财富。福斯特从生态学角度展开了对《资本论》及其相关手稿、《关于阿·瓦格纳的笔记》等马克思主义经典著作的深耕细读,总结了内蕴于马克思主义经典著作中的对人与自然关系的异化的批判,重构了马克思的新陈代谢断裂理论。

福斯特指出,"新陈代谢"并不是马克思独创的概念,这一概念最早出现在1815年,原本是化学领域关于物质交换和能量转化的专有词汇。1842年,

第三章 西方生态社会主义对资本主义的生态批判

李比希在他的代表作《动物化学》中对"新陈代谢"概念进行了创新应用,"新陈代谢"概念因此广为人知,也拥有了更多的可适用领域。马克思、恩格斯发现这一理论对社会分析的重要价值,故而把这一术语应用于社会理论之中。学者郭剑仁在他的著作《生态的批判:福斯特的生态学马克思主义思想研究》中对马克思、恩格斯19世纪50年代后的作品进行了不完全统计,"新陈代谢"概念大约出现了110次,足以证明这一概念在马克思、恩格斯思想中占有重要地位。

福斯特认为,马克思新陈代谢断裂理论的形成离不开一位关键人物——尤斯图斯·冯·李比希。李比希是德国著名的化学家、化学教育家,在农业和生物化学方面贡献卓越,被称为"有机化学之父"。1937年,英国科学促进会邀请李比希进行农业和化学研究,协助解决严重困扰欧美主要资本主义国家的土壤肥力枯竭问题。此时,这些国家对土壤肥力枯竭问题的关注度已经可以和环境问题、森林问题、人口过剩问题比肩。为了解决这个燃眉之急,欧洲的农场主们甚至搜索了滑铁卢和奥斯特里茨战场,有传言称,他们是为了获取埋在原战场地下的骨骼充当土壤肥料。资本主义国家的农场主以骨骼充当肥料是有事实依据的,据统计,"进口到英国的骨骼的价值从1823年的14400英镑急速上升到1837年的2546000英镑"[①]。李比希为此出版的《化学在农业和生理学上的应用》,简称《农业化学》,第一次较为科学地论证了土壤中的营养物质,如氮、磷、钾在植物成长中的重要作用,使资本主义农业的农场主注意到了土壤肥力下降是由于土壤矿物质的衰竭。李比希的研究成果尽管没有第一时间解决资本主义农业中存在的土壤肥力问题,但却为化学肥料的研发提供了重要的理论基础和开阔的研究思路。也正是因为李比希对土壤营养成分的分析,使得富有多种营养成分、能够满足土壤肥力需求的海鸟粪成为全世界追捧的对象。秘鲁是一个神奇的国度,因为有丰富的海鸟粪而被称作鸟粪上的国家,因为长期与资本主义国家进行鸟粪贸易而致富。从19世纪40年代左右,西方资本主义国家对鸟粪的需求量逐年暴增。1847年,英国

---

① 约翰·贝拉米·福斯特. 马克思的生态学——唯物主义与自然[M]. 刘仁胜,肖峰,译. 北京:高等教育出版社,2006:167.

进口海鸟粪的总量相较 1841 年甚至上涨了 100 倍之多。受供求关系的影响，海鸟粪的价格也水涨船高，美国为此与秘鲁进行谈判，但效果并不理想。为了得到大量的、供应稳定的、价格低廉的鸟粪，1856 年，美国国会通过了《鸟粪岛法》，该项法案允许美国公民以美国政府名义占有富有鸟粪且无人认领的海岛。最重要的是，这些海岛上的鸟粪处置权归发现者所有，前提是岛屿上的鸟粪必须为美国所用。这一法案不仅激励了美国的资本家在全世界范围内探索富有鸟粪的岛屿，以保证鸟粪的充足供应，使美国的农业得到了继续发展的同时，也为美国的工业化发展和海洋霸权的形成奠定了重要基础。

鸟粪作为肥料的时代随着化学肥料的出现而逐渐退出历史舞台，化学肥料的普遍应用也让人们不禁产生忧虑。受到美国政治经济学家亨利·凯里和年轻的农学家乔治·韦林的影响，1859 年，李比希在他的《关于现代农业的通信》中引用了农场经营者阿尔布雷希特·布洛赫的观点，"永久地失去某些东西的土地不可能增加甚至不可能保持它的生产能力"[①]，掠夺性地使用土地是造成土地贫瘠的根源且无法恢复。所以，李比希倡导理性农业，他认为化学肥料的大量使用不是解决土壤肥力问题的关键，使土地保有肥力的关键是应该建立归还基础上的土地使用制度。1862 年，《农业化学》再版，在这一版中，李比希再次阐明立场和观点并警示那些没有改变掠夺性思维方式的资本主义农场主，认为他们将不可避免地因为战争、饥荒、流亡、穷困和流行病所造成的国家危机而使得他们所最看重的农业走向破产，毕竟化学肥料造成的生态破坏和天然肥料的有限性都会导致掠夺性农业制度的不可持续。同时，李比希还提出了土壤营养循环和大城市排泄物之间存在相互关联，在他的《关于城市污水利用项目的信》中，李比希指出，"如果对城镇居民的所有固体和流体排出物的收集是可行的，没有一点损失，而且根据他最初向城镇所提供的农产品而返还于每一个农场主一定份额的排泄物也是可行的，那么他的土地的生产能力将可能会长久地不受损害地保持下去，并且每一块肥沃土地中现

---

① 约翰·贝拉米·福斯特. 马克思的生态学——唯物主义与自然[M]. 刘仁胜，肖峰，译. 北京：高等教育出版社，2006：170.

第三章 西方生态社会主义对资本主义的生态批判

存的矿物元素储备对于不断增长的人口需求来说是非常充足的。"①

马克思肯定了李比希对资本主义农业的批判并指出,"李比希的不朽功绩之一,是从自然科学的观点出发阐明了现代农业的消极方面"②。受李比希对资本主义农业的掠夺性制度的批判和关于"土壤营养循环和大城市中排泄物之间存在的相互关联"的理论的启发,马克思将"新陈代谢"的概念引入资本主义批判中,并作为整个分析系统的中心。需要注意的是,德语"stoffwechsel"一词的基本含义就包含"物质变换"的概念,"它构成'新陈代谢'一词所包含的生物生长和衰落的组织过程这种观念的基础。"③福斯特认为,在对李比希观点的继承和发展的基础上,马克思在两个意义上使用过新陈代谢的概念。

一是自然和社会之间通过劳动而进行的实际的新陈代谢相互作用。④ 马克思在《1861—1863年经济学手稿》中指明了人与自然的物质变换关系和限制关系:"实际劳动就是为了满足人的需要而占有自然因素,是促成任何自然间的物质变换的活动……使用价值世界只是由自然物质构成的,这些自然物质通过劳动改变了形态。"⑤在《资本论》第一卷和第三卷,马克思对资本主义进行批判正是指向了资本主义对土地和人的掠夺和剥削,指明了大规模工业和大规模农业使土壤和工人陷于赤贫状态的根源在于"'人和土地之间的物质变换'的'断裂'"⑥,在"掠夺"的基础上的任何进步都只能加剧对土地的剥削和人的剥削,进而形成无法弥补的物质变换裂缝。对于资本主义大农业对土地自然力的破坏,马克思在《资本论》中指出,"资本主义生产使它汇集在各大中心的城市人口越来越占优势,这样一来,它一方面聚集着社会的历史动力,另一方面又破坏着人和土地之间的物质变换,也就是使人以衣食形式消费掉的土地

---

① [美]约翰·贝拉米·福斯特. 马克思的生态学——唯物主义与自然[M]. 刘仁胜,肖峰,译. 北京:高等教育出版社,2006:171.
② 马克思恩格斯文集(第5卷)[M]. 北京:人民出版社,2009:580.
③ [美]约翰·贝拉米·福斯特. 马克思的生态学——唯物主义与自然[M]. 刘仁胜,肖峰,译. 北京:高等教育出版社,2006:174.
④ [美]约翰·贝拉米·福斯特. 马克思的生态学——唯物主义与自然[M]. 刘仁胜,肖峰,译. 北京:高等教育出版社,2006:175.
⑤ 马克思恩格斯全集(第47卷)[M]. 北京:人民出版社,1979:39.
⑥ [美]约翰·贝拉米·福斯特. 马克思的生态学——唯物主义与自然[M]. 刘仁胜,肖峰,译. 北京:高等教育出版社,2006:173.

的组成部分不能回归土地，从而破坏土地持久肥力的永恒的自然条件。"①因此，马克思认为："资本主义农业的任何进步，都不仅是掠夺劳动者的技巧的进步，而且是掠夺土地的技巧的进步，在一定时期内提高土地肥力的任何进步，同时也是破坏土地肥力持久源泉的进步。②"正是由于马克思将新陈代谢概念视作他对资本主义批判系统的中心，所以毫无疑问，这一概念也成了马克思对未来社会设想的中心议题。马克思明确指明，实现人的自由而全面的发展必须以实现人与自然之间的物质变换为前提，"这个领域内的自由只能是：社会化的人，联合起来的生产者，将合理地调节他们和自然之间的物质变换，把它置于他们的共同控制之下，而不让它作为盲目的力量来统治自己；靠消耗最小的力量，在最无愧于和最适合他们的人类本性的条件下来进行这种物质变换。"③

二是在广义上使用这个词汇，"用来描述一系列已经形成的但是在资本主义条件下总是被异化地再生产出来的复杂的、动态的、相互依赖的需求和关系，以及由此而引起的人类自由问题——所有这一切都可以被看作与人类和自然之间的新陈代谢相联系，而这种新陈代谢是通过人类具体的劳动组织形式而表现出来的。"④马克思在《1857—1858年政治经济学批判手稿》中明确指出，只有在一般商品生产中才能形成普遍的社会物质变换。但是，资本主义经济活动中出现的"经济等价物的形式交换只不过是一种异化的表现形式"⑤的现象，切断了物质交换的自然基础。

福斯特认为，总的来看，马克思实际是运用新陈代谢断裂理论展开对资本主义生态批判，进而拓展到对资本主义的全面批判。马克思的新陈代谢断裂理论形成于对资本主义农业的批判，马克思将资本主义农业土壤肥力的流失看成是资本主义危机的表象，认为土壤肥力流失的根源就在于资本主义对

---

① 马克思恩格斯选集(第2卷)[M].北京：人民出版社，2012：233.
② 马克思恩格斯选集(第2卷)[M].北京：人民出版社，2012：234.
③ 马克思恩格斯全集(第25卷)[M].北京：人民出版社，1974：926-927.
④ [美]约翰·贝拉米·福斯特.马克思的生态学——唯物主义与自然[M].刘仁胜，肖峰，译.北京：高等教育出版社，2006：175-176.
⑤ 约翰·贝拉米·福斯特.马克思的生态学——唯物主义与自然[M].刘仁胜，肖峰，译.北京：高等教育出版社，2006：175

土地和人的剥削,资本主义对土地和人的剥削源于资本主义的原始积累。资本主义的原始积累是反生态的,广为人知和被诟病的是发生在英国的"羊吃人"的圈地运动,大量农业生产者与土地分离,这些农业生产者为了生存,只能成为不受法律保护的劳动者甚至为此丧命。萨特伦德公爵夫人曾为尽快得到土地,甚至纵火逼迫农民离开,那些不愿离开自己家园的农民被大火活活烧死。劳动者和他的劳动条件的所有权分离为资本主义大工业和资本主义的大农业的产生提供了廉价的原材料和劳动力,凸显了资本主义原始积累的残酷和逐利本性。马克思在《资本论》中毫不留情地激烈地批判了资本主义,认为"资本来到世间,从头到脚,每个毛孔都滴着血和肮脏的东西"[1]。随之而来的资本主义农业化和工业化也带来了尖锐的城乡对立和对农业生态环境的破坏,一方面资本主义坚持经济理性导致资本家只把土地视作获取利润的自然基础,不可能以生态理性关注土地的未来发展,就像马克思在《资本论》中所做的注脚中解释的那样:"资本主义生产指望获得直接的眼前的货币利益的全部精神,都和供应人类世世代代不断需要的全部生活条件的农业有矛盾"[2];另一方面是人与土地、社会与自然的整体性新陈代谢出现断裂的不可避免,"劳动首先是人和自然之间的过程,是人以自身的活动来中介、调整和控制人和自然之间的物质交换的过程。"[3]但是,当劳动者把土地当作生产的自然条件的那种关系和劳动者是劳动工具所有者的那种关系双重解体后[4],土地需要的肥料无法自然供给,城市工业废料、污染物和生活排泄物等原本可以作为自然界完整的新陈代谢循环的组成部分无法回归,反而花费巨大来购买鸟粪和研制化学肥料,支出巨额费用来解决城市"废物",甚至造成严重的环境污染,这就是资本主义经济理性所导致的物质变换断裂。

马克思将克服"劳动的异化"和克服"自然的异化"相结合,指引我们将社会主义革命与生态运动相结合。福斯特在2013年纽约全球左翼论坛上再次强调,解决地球和人类共同面临的巨大环境问题是现实需要,社会主义革命是

---

[1] 马克思恩格斯选集(第□卷)[M]. 北京:人民出版社,2012:291.
[2] 马克思恩格斯全集(第25卷)[M]. 北京:人民出版社,1974:697(页下注).
[3] 马克思恩格斯选集(第2卷)[M]. 北京:人民出版社,2012:169.
[4] 马克思恩格斯选集(第2卷)[M]. 北京:人民出版社,2012:750-751.

必然，而"今天的社会主义不同于 20 世纪社会主义的地方在于，它不仅应更具有人民性，也应更具有生态性，必须同时也是一场生态革命，其经济是一种生态经济"①。

三、技术异化与异化消费直接导致生态危机

马克思批判地改造了德国古典哲学的异化概念，提出了异化劳动理论。马克思运用这一理论"分析资本主义的社会关系，揭示资本与劳动的不可调和的对立，说明资本主义私有制必然给工人阶级和整个人类带来灾难性的后果"②。西方马克思主义理论家艾里希·弗洛姆发现，"异化几乎无所不在，它弥漫在人与他的工作、人与消费品、人与国家、人与他的同胞、人与他自己的关系中。"③弗洛姆让我们看到现代生活中异化现象存在的普遍性，在资本主义社会的异化现象中，技术异化和异化消费引起了西方生态社会主义的普遍关注，探寻技术异化、异化消费与资本主义生态危机之间的密切关联，成为西方生态社会主义的重要研究课题。

资本主义生态问题伴随科学技术发展而不断升级，最终导致生态危机，所以有些人把征兆当作根源，判定科学技术的不断发展就是生态危机产生的根源。他们把科学和技术当作"可诅咒的偶像"，并认为人类灾难的根源就在于对这些"假神"的顶礼膜拜，技术遭遇了合理性危机。但是，科技发展与科技异化是两码事，从本质上看，科学技术本身并不代表任何意识形态，也不具备"控制自然"的意识和能力，它是人类为了自身的解放而创造出来的工具，受到承载它的社会制度和价值观的影响。培根也认为，"人类在一堕落时就同时失去他们的天真状态和对于自然万物的统治权。但是这两宗损失就是在此生中也是能够得到某种部分的补救的：前者要靠宗教和信仰，后者则靠技术和科学。"④科学技术成为人们探秘大自然的工具，人们更好更多地掌握了自然资源并使之为生产生活服务，实现了物质财富的不断扩大。

---

① 张新宁. 经济危机与生态危机交困中的资本主义——2013 年纽约全球左翼论坛综述[J]. 马克思主义研究，2013(10)：155-156.
② 马克思恩格斯选集(第 1 卷)[M]. 北京：人民出版社，2012：3.
③ [美]艾里希·弗洛姆. 健全的社会[M]. 孙恺祥，译. 上海：上海译文出版社，2018：101.
④ [英]弗兰西斯·培根. 新工具[M]. 许宝骙，译. 北京：商务印书馆，1984. 291.

第三章 西方生态社会主义对资本主义的生态批判

20世纪以来,科学技术的飞速发展,给人们带来大量物质财富的同时,也带来了消解人的主体性的物化力量。人类通过科学技术控制自然,是人类主体意识成熟和发展的必然,既是社会进步的重要尺度,当然也被看作人类非理性对待自然的手段。在《圣经·创世纪》中,上帝创世说"宣布了上帝对宇宙的统治权以及人对地球上具有生命的创造物的派生统治权"[①],这一时期人们开始转变泛灵论对人与自然关系的认识,认为"世界是合乎理性(即逻各斯)的存在结构,人作为理性的存在物可以通过理性把握世界的结构,从而控制和操纵自然"[②]。这是对自然祛魅的过程,也正是这一时期建构起西方人最基本的理性主义文化信念——"控制自然"。近现代以来,人们将实现"控制自然"的愿望寄托于科学技术:"一方面,人们相信,人可以凭借理性把握的手段或技术征服的办法来无限地控制自然,而不必求助于某种超人的实体或力量,另一方面,人们相信,人对自然的理性把握和技术征服的结果必然是人的自由和主体性的增长,并且会导致人的最终解放和完善完满。"[③]

技术理性主义文化信念支撑下的技术异化就变得不可避免。技术异化的根源在于人类对科学技术的非理性应用。自文化启蒙运动以来,一直到西方现代化进程,资本主义国家大力推进科学技术发展,科学技术逐渐异化为"控制自然"和"控制人"的主要工具,主要体现在两个方面:一方面,随着工业和新科学的结合,导致了以宗教为基础的伦理价值体系的失效,以及科学世界和生活世界的断裂。在科技主导的机器的控制下,"所有生命的目的、价值和本能都被贬低甚至消除了,人降低为一具不由自主的条件反射躯体,没有独立存在的目的和意义,人只是一个'行为主义的人'"[④],这就造成了人们生活世界价值和意义的危机;另一方面体现在现代科学技术愈来愈沦为阶级统治的工具。[⑤] 正如梅扎罗斯在《超越资本》一书中所认为的那样,"'最后,科学和

---

① [加]威廉·莱斯.自然的控制[M].岳长龄,李建华,译.重庆:重庆出版社,1993:27.
② 衣俊卿.异化理论、物化理论、技术理性批判——20世纪文化批判理论的一种演进思路[J].哲学研究,1997(08):15.
③ 衣俊卿.异化理论、物化理论、技术理性批判——20世纪文化批判理论的一种演进思路[J].哲学研究,1997(08):15.
④ 张蕾,郑文范.论马克思主义科学技术与社会思想的双重维度及启示[J].重庆大学学报(社会科学版),2014,20(04):152.
⑤ 王雨辰.生态批判与绿色乌托邦[M].北京:人民出版社,2009:146.

技术能解决我们所有的问题'是一种比相信巫术还要糟糕的想法,因为这忽视了当今科学与技术所具有的破坏性的社会内涵。就这方面来说,问题并不在于是否通过使用科学与技术来解决我们的问题——很显然,这是必然的,问题所在之处是:我们是否能成功地根本改变技术使用的导向,如今,这一导向主要是被具有自我永恒追求的利润最大化所决定与限定的。"① 马尔库塞认为,导致技术理性成为一种极权主义统治力量的原因在于,科学技术本身缺乏人本主义批判意识,否定理性被肯定理性所取代。② 所以,科学技术只是"'控制自然'这一广为人知的更宏大谋划的有力工具"③。马克思曾以机器和火药为例进行形象的比喻,马克思说:"现代运用机器一事是我们的现代经济制度的关系之一,但是利用机器的方式和机器本身完全是两回事。火药无论是用来伤害一个人,或者是用来给这个人医治创伤,它终究还是火药。"④所以,我们应该明确科学技术本身不代表任何意识形态,不是生态危机产生的原因。

科学技术的发展影响着人类的未来,科学技术进步是必然趋势,但是,科学技术的发展需要理性的力量。在新科技革命不断发生变化的今天,实现人的解放更加取决于如何克服技术理性等所造成的人的生存困境。所以,现代人应该通过伦理与科技的双重进步以实现"控制自然"到"尊重自然"的转变。与此同时,莱斯又辩证地强调,"尊重自然"的意识并不意味着要走向拒绝科学技术进步的另一个极端,也就是说,消除科学技术对生态的消极影响,并不是要消除科学技术自身,而是要改造科学技术的应用环境,解决科学技术应用的合理性问题。正如马克思在《法兰西内战》中提到的那样,"只有在劳动共和国里面,科学才能起它的真正的作用"⑤。马克思指明了正确的科技观形成的制度前提,必须变革资本主义社会,建立社会主义社会。

技术异化是导致异化消费的重要前提,科技发展为异化消费的形成提供

---

① 梅扎罗斯. 超越资本:关于一种过渡理论[M]. 巧一明,等,译. 北京:中国人民大学出版社,2003:877.
② 衣俊卿. 异化理论、物化理论、技术理性批判——20世纪文化批判理论的一种演进思路[J]. 哲学研究,1997(08):16.
③ [加]威廉·莱斯. 自然的控制[M]. 岳长龄,李建华,译. 重庆:重庆出版社,2007:序言4.
④ 马克思恩格斯全集(第27卷)[M]. 北京:人民出版社,1972:481.
⑤ 马克思恩格斯选集(第2卷)[M]. 北京:人民出版社,1972:422.

源源不断的消费对象。第二次世界大战之后，资本主义国家科学技术的发展使得社会经济呈现一派繁荣景象，眼前的繁荣并不是资本主义经济发展的终点，他们要继续创造利润。供给不足和需求不足是资本家创造利润的两大障碍。对资本家来说，供给不足可以将矛盾外移，需求不足则只能依靠不断催生和扩大新的需求，这是最重要的方面。恰如马克思在《资本论》中分析的那样："一切现实危机的最终原因，总是群众的贫穷和他们的消费受到限制，而与此相对比的是，资本主义生产竭力发展生产力，好像只有社会的绝对的消费能力才是生产力发展的界限。"[①]人的基本生存需要得到满足之后可以有更高层次的需求，但这种需求是纵向的，也是有限的，它不等同于欲望。人们用勤劳和智慧创造财富用于消费，这本是让人愉悦的事情，这种愉悦不是消费所带来的。就像莱斯在《满足的极限》中所认为的那样，人的满足最终在于生产活动而不在于消费活动，劳动生产活动能够体现人的伟大，展示人的主体性和创造性，能够在最高和最本真的意义上满足人的需要。但是，资本家们为了催生和扩大新的需求，以刺激过度消费为准则，不断扩张消费者的欲望。人们通过消费满足基本需要并在消费中感到快乐，但在欲望作用下迷失自我后，人们开始追求攀比消费。虚荣心作祟导致无论如何消费都难以满足和实现快乐生活，只能沉浸在资本家们所营造的追求更高层次消费的迷雾里，进而造成大量浪费，这就是我们所说的异化消费现象。"异化消费"这一概念最早由西方生态社会主义者本·阿格尔明确下来，并提出"'异化消费'是指人们为了补偿自己那种单调乏味的、非创造性的且常常是报酬不足的劳动而致力于获得商品的一种现象"[②]。阿格尔所提出的这种补偿式消费，实质是资本家为在生产过程完成对劳动者的剥削后，进入消费过程对劳动者进行再一次剥削而设下的消费陷阱。资本家通过广告效应、分期付款等方式刺激消费者做出超出实际需求和承受限度的超额消费，"我买了才能证明我存在"的病态消费观充斥在资本主义社会当中，受到资本主义生产过程残酷剥削的劳动者们渴望通过异化消费的方式实现一瞬的快乐。但是，异化消费绝不局限于对劳

---

① 马克思恩格斯文集(第7卷)[M]. 北京：人民出版社，2009：548.
② [加]本·阿格尔. 西方马克思主义概论[M]. 慎之，等，译. 北京：中国人民大学出版社，1991：494.

动者的剥削与否，对于一个国家而言，甚至从更广大的人类社会层面上看，产生了更为巨大的影响。

马克思曾从历史的回眸中带领我们看清过度消费与国家兴衰的关系，马克思指出："古代国家灭亡的标志不是生产过剩，而是达到骇人听闻和荒诞无稽的程度的消费过度和疯狂的消费。"①马克思在当年对我们的警示运用在当代资本主义社会中就体现为，当"更多的生产—更多的消费"这一逻辑形成并且不断升级，就不可避免地产生更多的浪费和更多的污染，影响的不是一国的兴衰存亡，更是整个世界。

阿格尔则将异化消费带来的国家危机具体化，指出异化消费导致生态危机主要体现在以下两个层面："一是人们消费的资源直接或间接都来源于自然界，这势必会对大自然造成伤害，二是过度消费所带来的大量垃圾，最终都要回归大自然，这给自然净化能力带来极大的破坏。"②这两个层面既包括了大量生产所带来的生态破坏，也包括了大量消费过程所带来的环境污染，二者之间紧密联系，共同导致生态危机的发生。这是一个由资本主义逐利本性所导致的恶性循环，在这一循环中没有赢家。资本家以为将生产逻辑转换为消费逻辑就可以掩饰资本主义生产的非正义性且可从中获得巨额利润，更为天真的是，他们认为这种发展是可持续的，事实上，"即使是稳态经济也不能持续到永远"，世界还没有发现能够"支持人类经济发展的永恒的能源"③，资源枯竭所带来的生产阻力同样会反作用于资本主义生产，也就体现了资本主义的第二重矛盾。资本主义利用"异化消费"体现的不仅是经济目的，也包含了重要的政治目的。异化消费不仅要在经济上剥削劳动者，而且要增强对社会的控制，其内在逻辑则体现为："统治者所能提供的消费品越多，下层人民对各种占统治地位的官僚们的依附，也就越牢固。"④人们在消费品持续不断的满足与虚假繁荣中麻痹，消解了人们对社会制度的不满，延缓了资本主义社会基本矛盾导致的现实问题的发生。阿格尔也认为，"资本主义已设法将其危机

---

① 马克思恩格斯全集(第 30 卷)[M]. 北京：人民出版社，1995：419.
② 解保军. 生态资本主义批判[M]. 北京：中国环境出版社，2015：140.
③ [美]赫尔曼·E. 戴利，肯尼斯·N. 汤森. 珍惜地球[M]. 马杰，钟斌，朱又红，译. 北京：商务印书馆，2001：13.
④ [美]赫伯特·马尔库塞. 单向度的人[M]. 张峰，译. 重庆：重庆出版社，1988：38.

第三章　西方生态社会主义对资本主义的生态批判

趋势转移到消费领域，使人们把劳动以外的时间花在受广告操纵的消费上，以补偿其受强制的劳动生活"[1]，所以，"对消费实行操纵和调节业已延长了资本主义制度的寿命"[2]。消费者们尽管享受了消费过程的一瞬间的快感，但是如此消费带来的后续效应会使消费者们回归短暂理性，这种理性告诉消费者，这是一种无意义的消费，他们消费的不是生活的必需品，也不是为生活品质加持的消费品，在这种疯狂消费中，他们并未真正感受到快乐。比如，一块普通的面包是为了食用以实现饱腹感，一瓶水的作用是为了保证身体水分足够维持身体运行，但现如今，所有的消费都是排除了基本功能的外在炫耀，无限增加的包装和特殊功能掩盖了消费品的基本功能和价值。消费者购买的不是一瓶水带来的价值，而是虚荣心的价值。消费品为营造一种虚假繁荣而存在，普通劳动者和整个自然界都要为这种虚假梦境买单，当然也包括资本家本身。资本家不但会受到资源限制而使生产不可持续，进而降低利润，同时，更令资本家意想不到的是，当劳动者们看清了资本家们营造的"虚假需求"时，"期望破灭了的辩证法会使人们重新形成自己的价值观和愿望"[3]。消费领域的变革必然促进社会各领域的变革，这些清醒的劳动者们将成为社会变革的重要力量，阿格尔也承认，"正是在我们称为期望破灭了的辩证法的动态过程中，我们看到了进行社会变革的有力的动力"[4]。

所以，可以用一句熟语"搬起石头砸自己的脚"来形容资本主义的生产—消费过程，以及在整个生产—消费过程中所做出的种种符合资本主义逻辑，却背离人与自然、人与社会发展的基本逻辑的行为，再恰当不过。异化消费直接导致资本主义生态危机，是资本主义存在双重危机的直接原因，资本主义的各种变式都是幻想，资本主义必然走向灭亡。人类持续干预自然的活动是有限度的，人类社会必须与自然共同发展，不能独立于自然之外。

---

[1] [加]本·阿格尔.西方马克思主义概论[M].慎之，等，译.北京：中国人民大学出版社，1991：498.

[2] [加]本·阿格尔.西方马克思主义概论[M].慎之，等，译.北京：中国人民大学出版社，1991：149.

[3] [加]本·阿格尔.西方马克思主义概论[M].慎之，等，译.北京：中国人民大学出版社，1991：497.

[4] [加]本·阿格尔.西方马克思主义概论[M].慎之，等，译.北京：中国人民大学出版社，1991：496.

四、"第二重矛盾"导致资本主义发展的不可持续

奥康纳在《自然的理由：生态学马克思主义研究》一书中提出了资本主义社会存在两重矛盾和两重危机的重要观点。奥康纳认为马克思所提出的资本主义生产力与生产关系之间的矛盾是资本主义社会的"第一重矛盾"，"第一重矛盾"的实质是剩余价值的生产与剩余价值的实现之间的矛盾，是资本主义社会内部的矛盾运动。奥康纳引用传统马克思主义对这一矛盾运动轨迹进行了阐释，传统马克思主义认为，资本家为了最大限度地榨取剩余价值必然会提高剥削率，然而工人阶级不仅是剩余价值的生产者也是剩余价值的实现者，所以，"所创造的剩余价值的数量越大，或者说剥削率越高，那么价值和剩余价值在市场上使自身获得实现的难度就越大"①。工人的购买力由工资决定，工人的工资越低，购买力越低，剩余价值的实现就越困难，就越容易导致需求不足和生产过剩，进而引发资本主义经济危机。但是，资本主义社会不会坐以待毙，他们将生产力和生产关系重新整合，使得这两者不管是在形式上还是在内容上都更为社会化，例如通过政府开支提升劳动者福利待遇等方式把无效需求变成了有效需求，短暂缓解了经济危机。

奥康纳对"第一重矛盾"理论分析后指出，历史唯物主义存在着对"丰富的生态感受性"的理论缺失。②奥康纳认为，马克思和恩格斯只提出了自然资源保护的伦理主张，但却"没有把生态破坏问题视为资本主义积累与社会经济转型理论的中心问题。他们低估了作为一种生产方式的资本主义的历史发展所带来的资源枯竭及自然界的退化的厉害程度"③。奥康纳认为，马克思、恩格斯"不管是对生态系统的分析，还是对热力学系统以及能源的生产和消费的分析，都没有被融入他们的历史唯物主义理论以及资本主义的积累和经济危机

---

① [美]詹姆斯·奥康纳.自然的理由：生态学马克思主义研究[M].唐正东，臧佩洪，译.南京：南京大学出版社，2003：260.
② [美]詹姆斯·奥康纳.自然的理由：生态学马克思主义研究[M].唐正东，臧佩洪，译.南京：南京大学出版社，2003：5.
③ [美]詹姆斯·奥康纳.自然的理由：生态学马克思主义研究[M].唐正东，臧佩洪，译.南京：南京大学出版社，2003：198.

的理论之中"①，而实际上"资本主义生产（其实是所有的生产形式）不仅以能源为基础，而且也以非常复杂的自然或生态系统为基础"②，资本主义生产和外部自然之间存在的这种相互作用的关系必然引发资本主义生产力与生产关系和生产条件之间的矛盾，体现在"资本主义从经济的维度对劳动力、城市的基础设施和空间，以及外部自然界或环境的自我摧残式的利用和使用"③，导致生态环境破坏，由此引发"健康和教育的成本、城市交通的成本、房屋及商业的租金以及从自然界榨取资本要素所要付出的代价的上升"④。

资本主义以追求无限增长为经济发展目标而进行自我扩张，但自然资源本身是无法进行自我扩张的。因此，在对"第一重矛盾"认识的基础上，奥康纳增加了"生产条件"这一范畴，指出了资本主义生产力与生产关系及生产条件之间的矛盾，即资本主义"第二重矛盾"。以奥康纳为代表的西方生态社会主义者认为，面对经济危机需要进行重组的不是资本主义生产力和生产关系，而是资本主义生产的条件，使生产条件在内容和形式上都呈现出更为社会化的特征。奥康纳对资本主义的生态批判源于其对资本主义社会"第二重矛盾"理论的分析。在奥康纳看来，尽管传统马克思主义通过对资本主义"第一重矛盾"的批判，已经论证了资本主义制度的岌岌可危，但透过资本主义"第二重矛盾"，在岌岌可危的制度中，奥康纳探析到了资本主义自我埋葬的毁灭性力量。

首先，奥康纳指明资本主义制度导致资本主义内部危机丛生，资本主义是经济危机与生态危机的共生体。"从总体上说，经济危机是与过度竞争、效率迷恋以及成本削减（譬如，剥削率的增强）联系在一起的，由此，也是与对工人的经济上和生理上的压榨的增强、成本外化力度的加大以及由此而来的

---

① ［美］詹姆斯·奥康纳.自然的理由：生态学马克思主义研究[M].唐正东，臧佩洪，译.南京：南京大学出版社，2003：199.
② ［美］詹姆斯·奥康纳.自然的理由：生态学马克思主义研究[M].唐正东，臧佩洪，译.南京：南京大学出版社，2003：196.
③ ［美］詹姆斯·奥康纳.自然的理由：生态学马克思主义研究[M].唐正东，臧佩洪，译.南京：南京大学出版社，2003：284.
④ ［美］詹姆斯·奥康纳.自然的理由：生态学马克思主义研究[M].唐正东，臧佩洪，译.南京：南京大学出版社，2003：284.

环境恶化程度的加剧联系在一起的。"①资本主义逐利性导致需求不足的经济危机，在减缓经济危机中又导致生产不足的生态危机。资本主义的快速积累必然带来重要生产条件之一的自然资源被大量需求和浪费，自然资源的有限性导致自然资源作为资本主义生产成本构成比重的增加和利润率下降。而假设资本主义合理利用自然资源进行生产而导致原材料的成本降低和利润率提升，那么资本主义贪婪本性又会导致对自然资源的无尽索取。因此，奥康纳认为，资本主义生产过程的必然结局是对自然资源越来越高的耗费和对自然界越来越重的污染。② 因此，资本主义经济危机导致生态危机，生态危机反过来又会进一步加重经济危机。

其次，奥康纳否定了资本主义社会可以实现可持续性发展的可能性。奥康纳认为，包括资本主义社会，凡是思维正常的人都对"可持续性"趋之若鹜，然而，可持续发展的资本主义是否可能？探讨资本主义发展的可持续性需要从经济可持续性和生态可持续性两个维度展开，生态可持续性直接关系着经济的可持续性即资本积累能否继续。因此，奥康纳认为，人们讨论可持续性发展的资本主义关键在于在生态维度上对资本主义与可持续性的关联性进行分析，即生态可持续性。奥康纳对这一问题作出了总体评价："除非等到资本改变了自身面貌以后……舍此之外，这种生态上具有可持续性的资本主义绝无可能。"③

为了进一步揭示"可持续资本主义"的悖论，奥康纳首先揭示了绿色主义者们对可持续性发展的无力、资本主义国家的领导者们针对环境问题的虚伪及资本家们的贪婪。奥康纳认为，大多数国家的绿色主义者要么力量弱小无法与资本主义抗衡，要么"在国家与地方政治中放弃了自己的立场"④。奥康纳列举了1992年美国大选候选人为赢得大选胜利竟以"环境"为主要议题，但

---

① [美]詹姆斯·奥康纳. 自然的理由：生态学马克思主义研究[M]. 唐正东，臧佩洪，译. 南京：南京大学出版社，2003：293.
② 王雨辰. 生态批判与绿色乌托邦[M]. 北京：人民出版社，2009：105.
③ [美]詹姆斯·奥康纳. 自然的理由：生态学马克思主义研究[M]. 唐正东，臧佩洪，译. 南京：南京大学出版社，2003：382－383.
④ [美]詹姆斯·奥康纳. 自然的理由：生态学马克思主义研究[M]. 唐正东，臧佩洪，译. 南京：南京大学出版社，2003：378.

第三章 西方生态社会主义对资本主义的生态批判

是,在大选胜利后却罔顾环境问题只顾"经济增长"的虚伪现象,凸显了资本主义国家坚持资本优先的本性。奥康纳尖锐地说明了企业思考环境问题的出发点不在于环境本身而在于企业利益本身,即思考"以何种方式来再造自然才能使其适应利润的可持续性和资本积累的要求"[①],这种对自然的再造意味着对自然的更深层破坏。对此,奥康纳讽刺道:"绿色话语与资本主义话语其实有着天壤之别,这两者完全是风马牛不相及的。"[②]随后,奥康纳对资本主义"内部"的或"首要"的矛盾及"第二重矛盾"和资本积累的本性进行讨论,当资本主义企图运用资本扩张的方式赋能利润时,他们没有想到消费却受到了影响,反而起了反作用。即使通过国家福利政策等刺激内需的政策,也无法消化如此大体量的剩余商品,依托外向型经济也是矛盾重重。以上这种缓和"第一重矛盾"的经济思维方式"虽说仍然有效,却是(而且一直是)片面的和有限性的"[③],因为它是以"生产条件"的无限供给为前提条件的,而这一前提条件本身就是悖论。奥康纳对马克思关于"生产条件"的概念进行了整理:一是个体性的劳动条件,即人类劳动力;二是自然的或外在的生产条件,即环境;三是一般的、公共的生产条件,即市政基础设施和空间。这些生产条件的资本化,尤其是环境和自然作为重要生产条件的资本化产生了一个资本主义没有料想到的后果,即提高资本成本并降低其适应能力。资本主义进入到"第二重矛盾"当中,继续经受来自成本增加而导致的经济危机。当然,奥康纳认为,资本主义国家面对生产成本增加的"第二重矛盾",也提出了一定的应对方案,提出了"与第一种生产条件相关的,是关于劳动力、童工法案、劳动时间和劳动条件的法案以及劳动安全方面的法案;与第二种生产条件相关的,是关于环境、联邦土地的拥有权及对沿海地区的开发与污染进行规范的法律;与第三种生产条件相关的,是关于市政基础设施和空间、分区制法律、交通

---

① [美]詹姆斯·奥康纳.自然的理由:生态学马克思主义研究[M].唐正东,臧佩洪,译.南京:南京大学出版社,2003:381.
② [美]詹姆斯·奥康纳.自然的理由:生态学马克思主义研究[M].唐正东,臧佩洪,译.南京:南京大学出版社,2003:380.
③ [美]詹姆斯·奥康纳.自然的理由:生态学马克思主义研究[M].唐正东,臧佩洪,译.南京:南京大学出版社,2003:387.

条例和土地使用方面的规章。"① 但是，奥康纳清醒地认识到，这些只是国家作为"中介"帮助资本通过"合法"方式继续获取所需资源和市场的手段而已，或者"只是某些非理性政治战利品的分配系统"而已，"在所有发达资本主义国家中，那种致力于生态、市政和社会的总体规划的国家机构或社团型的环境规划机制是不存在的。"②

因此，奥康纳认定，发达资本主义国家的"第一重矛盾"和"第二重矛盾"都难以解决。最后，奥康纳在"生态社会主义"和"可持续性发展的资本主义"的争论中认为，"虽说某些'生态社会主义'的前景仍不明朗（因此争论仍在继续），但是，"某种"可持续性发展的资本主义"的前景可能更加遥远。

第三节 生态帝国主义批判

"生态帝国主义"最早出现在阿尔弗雷德·克罗斯比的代表作《生态帝国主义：欧洲的生物扩张，900—1900》中，克罗斯比在本书的开篇就指出了他不同于其他历史学者的地方。克罗斯比认为，欧洲的帝国主义之所以得逞，不仅仅在于欧洲人的野蛮统治、优越的军事技术以及资本主义压榨，如果单纯是这样的话，那么就无法解释欧洲工业革命以前的帝国主义为什么没能产生工业革命、成为世界霸权。克罗斯比一语中的地指出欧洲人之所以能够主导工业革命且成就世界霸权，就在于他们大肆剥夺世界各大洲的生态资源、矿物资源和人力资源，进而实现了巨大的飞跃。总的来说，西欧做到了"依仗残暴和枪炮，更重要的是凭借地理和生态好运"③。克罗斯比的这部著作重在陈述，主要分析和研究了欧洲的"生物扩张"问题，着重陈述了欧洲殖民者带到殖民地的外来物种给当地生态环境和原住民的种族延续所造成的灾难，并没

---

① [美]詹姆斯·奥康纳.自然的理由：生态学马克思主义研究[M].唐正东，臧佩洪，译.南京：南京大学出版社，2003：392.
② [美]詹姆斯·奥康纳.自然的理由：生态学马克思主义研究[M].唐正东，臧佩洪，译.南京：南京大学出版社，2003：395.
③ [美]阿尔弗雷德·克罗斯比.生态帝国主义：欧洲生物扩张900—1900[M].张谡过，译.北京：商务印书馆，2017：5.

第三章　西方生态社会主义对资本主义的生态批判

有上升到政治—经济层面的生态掠夺和生态侵略研究。

戴维·佩珀发现资本主义国际化抑或是资本主义的对外扩张并不是一个非理性支配的过程，而是在资本内在价值理性支配作用下进行的。希伯朗也认为，资本的国际化从过去到现在一直是资本主义内在矛盾的必然结果。经济价值的转移具有诸多复杂的方式并且伴随着现实中的"物质—生态"流，这种"物质—生态"流改变着城乡之间和全球性大都市与外围国家之间的诸多关系。[①] 生态帝国主义的产生和生态帝国主义展现的本质，是有其必然性的。

生态帝国主义与传统帝国主义的本质是一致的，是帝国主义殖民掠夺的思维方式和行动在生态环境领域的具体展现，也可认为是传统帝国主义的翻版。《不列颠百科全书》认为，所谓帝国主义即是"一国在本国领域之外违反当地人民的意愿而对其实行控制的政策，这种政策使统治国得以为其本身的利益而开发从属国的资源，从属国不仅为统治国的工业提供初级产品，而且成为其制成品的当然市场"[②]。

第二次世界大战之后，尤其是 20 世纪 70 年代前后，资本主义的疯狂积累达到了资源环境的极限，世界资本主义进入了缓慢发展及局部危机的时代。但是，这些发达资本主义国家却将他们应该在经济危机付出的代价进行了转移。"通过这种经济危机，资本的积累获得了完成，在一定程度上，这是通过忽视、损害或毁坏资本自身的生产和再生产条件，即通过在总体上对南部国家和世界范围内的穷人欠下一笔'生态债'来完成的。"[③] "生态行动"组织认为，广义的"生态债务"是指发达工业国家由于抢劫、生态破坏和无偿占有环境空间，以处理诸如源自工业国家的温室气体等废弃物而积累起来的、对第三世界国家的债务。对此，刘仁胜教授更加全面地指出，生态帝国主义主要表现在：一是某些国家对另外一些国家的资源掠夺，以及改变民族和国家所依赖的整个生态系统；二是与榨取和转移资源相关联的大规模的人口和劳动转移；三是利用诸多社会的生态脆弱性以加强帝国主义控制；四是以加深中心国家

---

① 刘仁胜. 生态马克思主义与生态文明[M]. 北京：中国人民大学出版社，2022：176.
② 解保军. 生态资本主义批判[M]. 北京：中国环境出版社，2015：118.
③ [美]詹姆斯·奥康纳. 自然的理由：生态学马克思主义研究[M]. 唐正东，臧佩洪，译. 南京：南京大学出版社，2003：205.

与外围国家之间隔阂的诸多方式倾倒生态废弃物；五是产生了标志着资本主义与环境之间关系的全球性"新陈代谢断裂"，并同时限制了资本主义的发展。①

因此，生态帝国主义不但保留了传统帝国主义对从属国资源的残酷掠夺和市场占有，而且利用不公平的国际经济政治秩序将这种掠夺变得更加冠冕堂皇和隐蔽。同时，西方发达国家为了减轻对本国的环境污染，又源源不断向不发达国家输出高污染产业、企业和垃圾废料，由此衍生的一系列危机给不发达国家造成了毁灭性伤害。

一方面是资源掠夺。乔治·博格斯托姆在其著作《饥饿的星球》一书中，向我们展现了英国是如何利用殖民地的原材料来维系其生产、消费和贸易的。西方资本主义国家的现代化进程是建立在整个世界之上的，他们消耗的不仅是本国的原材料和能源，整个世界都要为他们的发展买单。以非洲、南美洲为主要殖民地的国家大量掠夺石油、矿藏、人口等重要战略资源，这些发达国家以全球约25%的人口比例消费了约75%的全球资源，据美国人口问题专家统计，占世界总人口只有5%的美国，却消耗着全世界25%的商业能源。其人均能耗是第三世界国家的30~40倍，相当于147个孟加拉国人或422个埃塞俄比亚人的消耗量。②

第二次世界大战之前，这些国家几乎无偿使用殖民地的原材料和能源用以生产商品，而后又将殖民地当作廉价商品投放市场，摧毁殖民地自给自足的农业和手工业，摧毁殖民地人民一切赖以生存的基础，最终，殖民地人民只能成为西方资本主义国家不合理的国际分工体系下的廉价工人或农民。以印度为例，印度是在1757年的普拉西战役以后逐步成为英国的殖民地的，在此之前，印度棉纺织业历史悠久并在世界上享有盛名，在国际上非常有竞争力。但是，在沦为英国的殖民地后，英国依仗宗主国的地位采用不平等的贸易关税政策对印度的出口贸易进行干涉和打压，印度棉纺织品的竞争力逐步降低，印度的手工业整体上遭到了毁灭性打击。印度的手工业者只能通过从

---

① 刘仁胜.生态马克思主义与生态文明[M].北京：中国人民大学出版社，2022：176.
② 陶锡良.略论当代国际关系中的环境殖民主义[J].国际关系学院学报，1996(03)：10-11.

事农业生产维持生计,而一切农业生产的最终目的是满足英国工业发展和人民生活所需要的原材料和粮食。印度成为英国的原材料和粮食的供应基地,印度的原手工业者利用农业生产的微薄收入换取英国的工业产品,印度摇身一变成为英国的商品市场。越多的供应原材料和粮食,越少的收入和食物,殖民地和宗主国之间的这种不平等关系带来的代价是惨痛的。

西方资本主义国家对殖民地国家的资源掠夺是彻底而无情的,一切能够用得到的资源都在剥削的范畴之内,殖民掠夺不仅摧毁了印度的手工业,给印度人民的生活带来极大痛苦,不加节制地掠夺自然资源更是给印度带来了长久创伤。印度自古以来就富有森林资源,英国殖民期间,木材资源成为其掠夺的重要对象。1915—1918年英国发起了在伊拉克、加利波利半岛和巴尔干半岛的战争,为了修筑防御工事、建造营房等相关战争需求,英国开始在印度大规模砍伐树木。除此之外,作为岛国的英国,船舶是其不可或缺的交通和战略装备,随着英国加快海外扩张的步伐,对造船用的木材的需求量与日俱增。据数据显示,在18世纪,建造一艘战列舰需要4 000棵成熟的橡树,建造一艘装有74门大炮的军舰则需要2 000棵。英国早在此之前就在印度发现了能够代替橡木的柚木。柚木是印度本地少有的可做多种用途的树木,既可用于造船,也是建造铁路所用木材的重要选择。除了柚木外,娑罗双树和喜马拉雅雪杉也可用来制造铁路必需的枕木。英国在对印度殖民期间为了提升原材料运输效能和便于镇压印度殖民地人民的起义运动,从1857年开始,英国加快了在印度进行大规模的铁路网建设的进程,这一过程所需要的木材的数量要远远大于造船需要的柚木的数量。无节制地采伐树木,也没有采取相应的恢复措施,柚木、娑罗双树和喜马拉雅雪杉相继消耗殆尽,铁路的修建给印度森林带来了不可逆的伤害。[①] 除此之外,英国为了增加如茶叶等农作物的生产而对印度进行毁林开荒的场景屡见不鲜,种种行径给印度的森林资源带来了不可逆的损伤。这些只是西方资本主义殖民行径的一小部分,也只是给殖民地国家带来自然资源和能源不可逆伤害的一小部分。第二次世界大

---

① 刘中华. 英国殖民统治对印度森林的影响(1757—1947年)[J]. 全球史评论, 2016(01): 228-238.

战之后，发达国家通过霸权制定不合理的国际政治经济秩序，继续对富有资源的不发达国家进行资源掠夺。

另一方面是生态破坏，包括输入污染产业、企业和垃圾废物。伴随发达资本主义的现代化进程而来的，不仅是资本积累的狂飙，也有震惊世界的"世界八大公害事件"。一些环保主义者陆续展开了各种类型的环保运动，提出各种环保主张，成立绿党组织，形成绿党政治，促使了这些国家人民环保意识的觉醒，在这种高涨的氛围中，高污染、高消耗的企业很难立足。但是，资本主义奉行的是"不积累即灭亡"的铁律，为了满足自身的环保需要和资本家对高额利润的追求，发达资本主义国家利用不发达国家对经济发展的强烈渴望和资金需求、产业需求、技术需求等，以及这些国家相对宽松的环保政策，将大量的污染企业被转移至发展中国家。据有关数据显示，20世纪60年代以来，日本已将60%以上的高污染企业转移到东南亚和拉美国家，美国也将39%以上的高污染、高消耗的产业转移到其他国家。[①] 发达国家的生态环境得到缓解和改善，是以牺牲发展中国家的生态环境为代价换来的。对此，戴维·佩珀以外表看起来富丽堂皇的饭店，背后却是令人恶心的后房和厨房做比喻，暗示发达国家的良好生态环境是以发展中国家脏乱为代价成就的，并对此表示不耻。

与发达国家日渐好转的生态环境形成鲜明对比的是不发达国家正陷入生态环境遭到严重破坏的深渊。1984年12月3日，印度博帕尔市的美国联合碳化物有限公司下属的一家农药厂发生了氰化物泄漏事故。氰化物是有毒的致命物质，主要通过呼吸道吸收，高浓度下也能通过皮肤吸收，氰化物的剧毒性质和易于吸收的特点导致了这次泄漏事故的严重后果。据2006年印度的官方文件统计，"这次泄露共造成了558 125人受伤，其中包括38 478人暂时局部残疾以及大约3 900人严重和永久残疾"[②]。这份文件中的数字让人震惊和沉痛，但是，应该明确的是，这些数据中还不包括当时就已经死亡的人数，印度博帕尔毒气泄漏事故也因此被认为是历史上最严重的生态灾难。

---

① 彭先. 生态马克思主义对生态帝国主义批判的理论创新、实践探索与制度完善[J]. 南海学刊，2023，9(03)：14.

② 解保军. 生态资本主义批判[M]. 北京：中国环境出版社，2015：126.

固体废弃物处理是当今世界所有的国家都要面临的问题。全球每年产生的固体废弃物垃圾达 20 亿吨，固体废物的制造并不取决于人口的多少和发达与否。据有关数据显示，发达国家的人口虽然只占了全球的 16%，却制造了全球 34% 的垃圾。为了处理这些垃圾且不对本国造成污染和破坏，他们通过"全球废物贸易"将很大一部分固体废物卖给低收入国家，尤以东南亚国家和非洲国家更甚。据英国议会官网数据显示，英国近年产生的 250 多万吨塑料垃圾中，约 60% 被非法出口至土耳其。美国《科学进展》杂志的一份研究报告指出，30 年来，美国回收垃圾的比例极低，2016 年塑料垃圾回收的比例更是低到不到一成，剩余的垃圾均被运往发展中国家。对于高收入国家而言，废物贸易的成本要远低于废物回收处理的成本，比如在英国回收一吨垃圾的成本要比废物贸易的成本高出近 3 倍，给进口国以及全球生态环境造成了巨大负担。[1]

发达国家拥有专门的废物管理机构，制定了较为完善的废物管理政策，但是，发达国家在利益层面的权衡利弊中放弃了对垃圾的科学处理。与之形成鲜明对比的是低收入国家或不发达国家，他们中的绝大多数都没有废物管理的机构和政策，也没有有效处理固体废物的成熟措施，自己国家产生的垃圾甚至很少定期处理，更何况是来自发达国家的各种复杂的固体废物，其中不乏有毒有害的固体废物，还有难以回收利用的大量电子废物。20 世纪 80 年代，"经合组织国家产生的危险垃圾至少有 1/10 是通过越界转移处置的"[2]。在欧洲，电子废弃品回收利用率可以达到 50%，甚至更高。然而，在低收入国家，电子废弃品回收利用率只有不到 5%，甚至更低。[3] 与此同时，每年数以千吨计的电子垃圾从发达国家运到发展中国家，加重了发展中国家电子废弃品处理的压力。除了运送固体废物外，西方发达国家还将高污染、高消耗、高排放的工业转移到低收入国家，再次造成了污染和破坏。

从表面上来看，西方发达国家面临的问题与低收入国家相比没有那么严重，但是，世界是一个整体，不能从表面上判断西方国家的污染程度或对环

---

[1] 陈润泽. 发展中国家对"洋垃圾"说"不"[N]. 法制日报，2022−11−8(005).
[2] 解保军. 生态资本主义批判[M]. 北京：中国环境出版社，2015：14.
[3] 陈润泽. 发展中国家对"洋垃圾"说"不"[N]. 法制日报，2022−11−8(005).

境的破坏程度的情况,而应细数西方资本主义国家从原始积累到实现现代化进程中的所作所为。西方发达国家将当今世界生态危机应负主要责任的帽子扣在了不发达国家的头上,明显是欲加之罪。事实表明,生态危机产生的根源不在于不发达国家,而是在发达资本主义国家那里。西方资本主义国家应该为严峻的国际生态环境形势负责!

1992年,英国杂志《经济学家》刊登了世界银行首席经济学家劳伦斯·萨默斯的一篇名为"让他们吃下污染"的备忘录,主要是从三个方面鼓励发达国家将污染企业更多地迁往不发达国家。文中,萨默斯一是将不发达国家的个体生命和发达国家相比,认为不发达国家个体生命的价值远低于发达国家,不发达国家个体生命毫无价值,低收入国家应该成为有害废料的处理场地;二是认为不发达国家的污染程度较发达国家而言没有那么严重,造成他们污染的原因不是发展,而是一些非贸易性行业导致的,这是不应该的;三是认为相对于人们对污染的关注,商品贸易更有利于造福世界。此文一出,引起一片哗然。尽管世界银行后来向《经济学家》解释说,"萨默斯本人并不鼓励'向贫穷的国家倾倒未经处理的有毒废料'"[1]。但是,福斯特认为,世界银行对此事的辩解难以服众,熟悉传统经济学的人也都会轻而易举地辨别出萨默斯在备忘录中所表达的对世界贫穷国家及其环境十足轻蔑的态度是经过严肃认真思考的结果,绝非是心智失常的表现。也有人认为,萨默斯的言语从人道主义层面上看尽管令人厌恶,但单纯从资本主义经济学理论上来看又让人难以反驳,他所做的一切都是为资本积累提供政策便利和理论支持。所以,作为资本主义国家经济发展代言人的《经济学人》杂志在后续针对此事的评论中只是针对萨默斯对生命进行具体估价的行为进行谴责,却没有否认在此基础上所形成的对不发达国家的掠夺态度和进一步形成的掠夺政策。事实上,萨默斯对第三世界国家生命价值的估价行为也同样发生在西方发达国家的内部,福斯特列举了《经济学人》的一篇文章的观点:"事实是政府在制定诸如卫生、教育、工作条件、住房、环境等政策时,无论是否'刻意维护'其政策,

---

[1] [美]约翰·贝拉米·福斯特. 生态危机与资本主义[M]. 耿建新, 宋兴无, 译. 上海: 上海译文出版社, 2006: 54.

始终都在依据社会阶层不同的评价标准进行决策。"①而这种针对不同社会阶层提出的不同评价标准恰恰反映了资本主义国家的内在追求。美国种族歧视问题由来已久且还在不断上演悲剧,1983年美国审计总局的一项研究表明,美国南方一些州的黑人虽然人口比例达到20%,但是3/4的有毒废料填埋场都设在黑人社区附近。②除了在黑人和白人之间计算价值,男人和女人、穷人和富人之间都被价值所衡量,在美国的一些经济学家甚至是政府的工作人员看来,男人的生命价值高于女人,富人的生命价值高于穷人。

西方发达国家对低收入国家的行径本质上就是殖民,只是发达国家向低收入国家进行殖民的方式发生了转变,从一开始赤裸裸地占有殖民地、掠夺原材料和剥削廉价劳动力转换为更加隐蔽的方式。一方面向不发达国家输送了大量普通垃圾,甚至是有毒的废弃物,另一方面又向这些国家转移高污染、高消耗、低附加值的产业,其实质是对这些低收入国家的殖民和掠夺,我们赋予它一个新的名词——生态殖民主义或生态帝国主义。

第四节 生态资本主义的幻想

"能否重塑资本主义以满足环境主义所说的可持续发展的要求?"③在福斯特看来,这已经成为资本主义国家在当今时代应该思考的最紧迫的问题。萨卡指出,大多数经济学家甚至还有一些有声望的环境主义者是继续相信增长的。在他们看来,生态与工业经济之间根本不存在冲突,在资本主义的框架下可以解决生态危机。一些人甚至相信,资本主义框架下的生态保护措施不仅能够解决生态问题,还能够为工业和贸易带来净经济利润。所以,一些国家认为,只要以可持续发展之名,就可以推动经济的继续高涨。这种可能真

---

① [美]约翰·贝拉米·福斯特.生态危机与资本主义[M].耿建新,宋兴无,译.上海:上海译文出版社,2006:55.
② [美]约翰·贝拉米·福斯特.生态危机与资本主义[M].耿建新,宋兴无,译.上海:上海译文出版社,2006:56.
③ John Bellamy Foster. The Vulnerable Planet: A Short Economic History of the Environment [M]. New York: Monthly Review Press, 1999: 32.

的存在吗？生态资本主义可行吗？

一、生态资本主义的提出

当苏联社会主义模式失败以后，许多环境运动学家认为这是社会主义与生态学相结合失败的结果，于是他们开始将目光投向资本主义，在这一点上与资本主义国家绿党不谋而合，他们乐观地提出了作为西方绿色政治思潮的生态资本主义和构想。

郇庆治教授将 20 世纪六七十年代兴起的，一直延续至今的"绿色运动"大致分成三个部分，"以生态中心主义哲学价值观为核心的'深绿'运动、以资本主义经济政治制度替代为核心的'红绿'运动和以经济技术手段革新为核心的'浅绿'运动。"[1]生态资本主义不同于"深绿"运动和"红绿"运动彻底的、激进的政治主张，是一种在资本主义制度框架下对生态问题的理论分析与实践应对，它的核心议题是解决生态和资本主义之间的矛盾，试图在不改变资本主义制度的情况下，切实改善经济发展与生活方式对生态的不良影响，实现资本主义的可持续发展。所以，生态资本主义从属于"浅绿"运动的范畴。对此，郇庆治教授概括性地指出，生态资本就是"在现代民主政治体制与市场经济机制共同组成的资本主义制度架构下，以经济技术革新为主要手段应对生态环境问题的渐进性解决思路与实践。"[2]在郇庆治教授看来，生态资本主义表现出的是一种相对务实的绿色政治理论，但是，具体实践凸显出来的矛盾和问题恐怕要与理论提出之初的美好愿望有所背离。郇庆治教授所指出的生态资本主义理论与实践之间的"渐进改善与结构性变革的矛盾""个体环境意识、责任和行动与国家培育、规约之间的矛盾"" 本土中心与全球视野需要之间的矛盾"[3]都成为生态资本主义饱受诟病和批判的重点。一些西方生态社会主义者认为，生态资本主义提出的目的不在于从根本上解决困扰整个人类的生态环境问题，而在于试图否认资本主义制度是造成生态危机的制度根源，为生态危机可以在资本主义制度框架内得以解决的结论寻找掩护，进而否认生态社会主义必

---

[1] 郇庆治. 21 世纪以来的西方生态资本主义理论[J]. 马克思主义与现实，2013(02)：108.
[2] 郇庆治. 21 世纪以来的西方生态资本主义理论[J]. 马克思主义与现实，2013(02)：109.
[3] 郇庆治. 21 世纪以来的西方生态资本主义理论[J]. 马克思主义与现实，2013(02)：126-128.

将取代生态资本主义成为未来社会的最佳选择。可以说，生态领域已经成为资本主义和社会主义展开激烈争夺的关键领域。

一是否认资本主义制度是造成生态危机的制度根源。美国生态学家保罗·埃利希和巴里·康芒纳于20世纪70年代提出了IPAT公式，即impact＝population×affluence×technology，其中impact是环境负荷，population是人口数量，affluence是富裕程度，technology是技术水平。从公式本身来看，自然环境的影响因素主要有三个方面，人口数量、富裕程度、技术水平。马尔萨斯的《人口原理》正是对第一个方面的回应，至于富裕程度则是由较高的消费率决定的，消费越多，对生态环境的破坏越大，广大的消费者应该为生态危机负责。在技术水平的影响因素方面，技术被看作是当前生态危机的罪魁祸首，技术水平的提升使人改造自然的能力提升，也造成了人与自然关系日益紧张。从公式的表面上来看，资本主义并不是导致生态危机的直接因素，生态资本主义者正是利用这一公式将资本主义制度根源从生态危机的构成要素中剔除。

二是认为生态危机可以在资本主义制度框架内得以解决。一部分生态资本主义者承认资本主义社会中存在严重的生态危机，然而在他们看来，这并不意味着必须废除资本主义制度才能解决生态危机。所以，他们主张在资本主义制度框架下寻找解决方案，实现自我救赎。生态资本主义的代表人物保罗·霍肯、艾莫里·洛文斯和亨特·洛文斯共同出版的畅销书《自然资本主义：开创下一次工业革命》极大提升了生态资本主义的影响力，也引发了大家的争论。他们认为，尽管大自然遭破坏的程度和速度给人们带来的恶劣影响会超出人们的想象，但这并不意味着问题是无法解决的；工业资本主义发生根本变革的基础是能够拯救地球的新的经营概念和技术过程，更为重要的是这种基础已经不仅仅是充满希望的理论，而且已经进入推广实践的过程……这些看似美好的观点都是这部著作的核心观点。美国学者威廉·格雷德对这本书展开了评析，针对书中提到的这些观点，格雷德的质疑掷地有声："既然这些创新如此明显地有利于公司以及大自然和社会，为什么它们没有在各处得到应用？既然结果是如此有益，为什么主要工业部门在能够宣传有关环境价值受损如何扼杀经济增长、就业机会和利润的恐慌故事的时候，仍在打旧仗，破坏环境法律的力量？"[①]这只是格雷德众多疑惑中的一小部分，在阅读这部著作过程中，格雷德认为书中观点展现了作者"如此不合潮流的乐观"。他们乐观地以为资本主义的市场机制是万能的，随时能够调整到为生态服务的状态，这样就会实现经济利益和生态环境的双赢。对此，格雷德尖锐地指出，我们不可避免地正在面对资本主义企业潜在的进步和令人失望的现实之间的矛盾。格雷德与这部著作的主要创作者霍肯进行了交流，得到的结论基本印证了格雷德的判断。霍肯无奈地表示，"现在企业的惰性是如此之大，以致速度变得十分难得。目前的繁荣掩盖了世界范围的通货膨胀，因此人们不把保护能源或者任何其他资源看作成本问题。"[②]企业的惰性和逐利性使得创新与改革这种长效投资与眼前的赢利比较起来不值一提，所以，创新对企业和企业管理者及华尔街的分析家来说，仍是"陌生的选择"。正如马克思所认为的那样，资本主义生产的目的就是实现剩余价值的生产，而且越多越好，这一点是十分明确的。所以，对于资本主义国家自身而言，生态资本主义是一种完全没有目的和没有意义的浪费。同时，格雷德也辩证地认为这本书中提供的观念和大量实例、数据，起码能说明积极地应对生态危机才是解决问题的关键。至于资本主义国家如何积极地行动起来，格雷德没有做进一步的分析，但却从他的评论中已经可以透露出他对资本主义制度下解决生态危机的可能性存在的诸多质疑。霍肯等人在《自然资本论：关于下一次工业革命》一书中提出了包含企业利润、社会责任和环境责任在内的"三重底线"，并强调三者之间是一致的。然而，事实上，生态资本主义的本质在于把生态问题商品化、资本化。生态资本主义者试图把整个自然界视为资本，西方生态社会主义讽刺这种行径是在把地球标价出卖，一旦企业利润受到影响，那么在资本主义国家那里，所谓的社会责任和环境责任都要靠边儿站。所以，生态资本主义提出的目的，并不关乎生态环境和大多数人的生活，企业利润才是名副其实的生态资本主义的底线。

---

① [美]格雷德. 企业创造生态利益——评《自然资本主义》[J]. 徐和平, 译. 国外社会科学文摘, 2000(04): 13.
② [美]格雷德. 企业创造生态利益——评《自然资本主义》[J]. 徐和平, 译. 国外社会科学文摘, 2000(04): 13.

二、西方生态社会主义对生态资本主义的批判

西方生态社会主义认为，生态资本主义既没有改变资本主义制度，也没有改变资本主义发展的历史趋势，所以，其本质仍然是资本主义。资本逻辑与生态逻辑的背离，即二者之间不可调和的内在矛盾使得生态资本主义这一概念一经提出，就被西方生态社会主义判定是资本主义在面临严峻生态环境问题时，企图用"生态"或"绿色"粉刷工业社会以继续保障自己利益的一种掩耳盗铃之举。

学者们对生态资本主义批判一般是从两个层面展开的。一是对生态资本主义和资本主义的关系进行论证，指明资本主义制度的反生态本性，生态资本主义本身就是悖论；二是从生态资本主义的具体构想出发探讨其合理性问题，确证生态资本主义的具体措施是难以奏效的。在众多西方生态社会主义者中，萨卡对生态社会主义的批判最为具体和激烈。萨卡的代表作《生态社会主义还是生态资本主义》一书，围绕未来社会的理想选择——到底是生态社会主义还是生态资本主义这一萦绕在人们脑海中的重要课题进行了深入剖析。书中运用大量篇幅陈述并批判了生态资本主义为实现资本主义与生态之间的平衡所提出的两个方面的幻想，一是幻想"科学与技术的进一步发展以及科技的进一步强化应用，将使人类能够克服生态危机，在拯救工业社会的同时使南方国家得到可持续发展"，二是幻想着"一些局部性经济革新，如污染许可证、生态税改革等，将会使今天的资本主义转变成生态资本主义"[①]。基于以上两个方面的幻想，萨卡认为，生态资本主义解决生态问题主要依靠市场调节和国家干预，具体方法就是"生态市场化"和"生态凯恩斯主义"。萨卡认为，这些期盼着通过生态资本主义解决生态环境问题的人恐怕要承受幻想破灭的痛苦。且不论这两种方式如何能够实现其最终目的，其方式方法本身就已经暴露出生态与工业经济及资本主义之间的矛盾，否则，生态资本主义者为什么要产生这么多的想法？其实质就是确实需要进行一场"革命"来克服生态

---

① [印]萨拉·萨卡. 生态社会主义还是生态资本主义[M]. 张淑兰, 译. 济南：山东大学出版社，2012：5.

危机。

具体而言，生态市场化旨在资本主义市场经济内部运用市场杠杆修复被破坏的环境。生态市场主义者建议资本主义市场内部可以运用经济手段和以价格机制为主的各类机制，其中，价格机制曾备受推崇。在他们看来，价格机制具有"能够向消费者和生产者发出信号，告诉消费者生产某种具体产品的成本是多少，也能告诉生产者某种产品消费者的相对估价是多少"[①]的优势。这种可以用来控制环境行为的规制，曾在他们看来，是解决生态问题的最好方法。然而，在具体实践上，却未能达到预期。萨卡认为主要有三个方面的原因：一是保护环境的措施要考虑到成本，当企业和个人面对强有力的、"合理的"、消极的动机，规章就很少有机会被真正遵守；二是即使完全遵守规章，实际结果也会低于预期的效果，一旦企业得到了排放许可就会按照最高标准进行持续排放，如果在此过程中达到了减排的标准，企业也会毫不犹豫地拖延执行相应的命令；三是把规章和道德诉求放在一起可能无效，个人损失与公共收益不成比例，令人沮丧，同时，当有不受道德约束的人可以肆意获取利益时，那些诉诸道德的人就会失去动力。[②] 所以，以经济手段为主，辅之以机制，成为生态市场主义者企图克服生态危机的灵丹妙药。生态市场主义者认为，人类保护环境是以维护经济利益为出发点的，如果能够以较少的资源投入换取更多的利润，这笔账是最好算的。如果采取环境保护措施有利于降低成本，对社会、自然、企业自身有好处，那么，就不必担心企业会破坏环境，他们反而会积极采取各种措施解决污染问题。具体来说，生态市场主义认为，可以通过以下三个方法来解决生态资本主义规章所面临的尴尬境遇：一是产品价格必须反映生产它的全部成本，即除了企业成本外，还要考虑社会成本、环境成本；二是一直被外化的生态成本必须被内化，反映到产品的价格中去；三是必须为污染行为定价，让污染者支付污染治理费用。这其中的思维逻辑很清楚：所有的产品经过生产和消费后的垃圾处理的环节都

---

① [印]萨拉·萨卡. 生态是主义还是生态资本主义[M]. 张淑兰，译. 济南：山东大学出版社，2012：148.
② [印]萨拉·萨卡. 生态社会主义还是生态资本主义[M]. 张淑兰，译. 济南：山东大学出版社，2012：148-149.

会产生对环境的不利影响,消解这种不利影响的方式就是将环境成本转化为生态税费和杂费,内化为最终商品价格。① 也就是说,正是因为消费者的消费造成了环境破坏,消费者应该为此买单,即承担已经算入生态环境成本的最终商品价格。生态资本主义将资本主义与生态之间的尖锐矛盾转化为消费者与生态之间的矛盾,符合资本主义的一贯做派。虽然出台生态税费和杂费的税收改革既能降低自然资源和环境服务,也有助于缓解大机器的使用所造成的失业问题,但是,这样一来,难免会造成"税收丛林"现象。并且,当税收改革倒逼企业发生转变时,这种转变并不局限于单纯地依靠降低自然资源和环境服务,也会走向另一条道路,即利用污染许可证买卖制度。在交易污染许可证的问题上存在很多问题,这种手段本身并不能带来总污染水平的降低,只有国家利用这一方式来降低可允许的污染总量才能够实现。在买卖许可证的环节中,极有可能出现部分个人或团体买断并囤积污染许可证的现象,这就变相导致那些没有污染许可证的企业减产和持有污染许可证的大企业肆无忌惮。污染许可证实际是将环境服务转换成商品,贴上价格标签,通过支付更高的费用来合法地污染更多的环境。所以,买卖污染许可证不仅无法解决生态难题,反而印证了市场在应对生态问题时的无力。

为解决市场应对生态问题的无力感,生态资本主义内部又涌现出了另外一股思潮——生态凯恩斯主义。生态凯恩斯主义是指在市场调节失灵的情况下,从政府层面寻求解决问题的新对策,解决的是在革新的过程中所必需的"命令和禁止"。因此,生态凯恩斯主义着重强调国家创建各种规章制度的重要性,而且要求国家大量投资改善环境的工程和工业社会的生态重建。然而,萨卡认为,所有的这一切想法和要求都需要有大量资金的支持。事实上,那些经历低速增长率的国家,正经受着普遍的国家财政危机,以至于它们正努力削减或废除国家福利,以穷人为代价来解决的国家的财政危机。没有保护环境所需的支出来源,生态凯恩斯主义如何能够实现呢?萨卡通过描述资本主义国家的普遍状况,宣告生态凯恩斯主义的失败。生态凯恩斯主义所面临

---

① [印]萨拉·萨卡. 生态社会主义还是生态资本主义[M]. 张淑兰,译. 济南:山东大学出版社,2012:149.

的困境说明,只要资本主义社会的基本矛盾仍然存在,只要资本逻辑仍然存在,生态凯恩斯主义就如生态化市场主义一样,同样无法解决资本主义与生态之间的根本矛盾。

无论是生态化市场主义还是生态凯恩斯主义,都无法改变资本逻辑本身。生态资本主义之所以被称作是"悖论",就是因为生态资本主义本身遵循的仍然是资本逻辑,唯利是图是资本逻辑的最佳诠释,一心追求利润的资本逻辑必然会导致企业以"越多越好"为原则突破一切枷锁实现扩张,这就必然会导致资源的过度消耗和环境的破坏,最终导致生态危机。对此,生态资本主义的拥护者又提出了"稳态资本主义"的观点,萨卡毫不留情地反驳道:"如果资产阶级不再贪婪和自私,如果作为强大驱动力因素的不平等不再存在,那么资本主义,甚至生态资本主义将停止运转。"[1]萨卡呼吁,资本主义工业社会在应对最根本的危机问题时应该有根本性的解决方案,而不是佯装披上绿色外衣。

---

[1] 解保军. 生态学马克思主义名著导读[M]. 哈尔滨:哈尔滨工业大学出版社,2014:173.

第四章　西方生态社会主义对苏联社会主义模式的生态批判

西方生态社会主义对资本主义反生态本性的揭露和批判，使得人们更加坚定社会主义是未来社会的理想选择。对此，奥康纳打趣道："资本主义已证明自己就是社会主义与生态学能达成某种婚姻关系的媒人，或者更谨慎地来讲，如果这种婚姻关系的前景还遥不可及，那么至少可以说，某种婚约关系已经开始了。"①

当"社会主义失败论"和"历史终结论"甚嚣尘上时，西方生态社会主义既没有放弃社会主义，也没有盲目认同苏联社会主义模式。有的学者指称苏联社会主义模式为传统社会主义，又称"实际存在的社会主义"，抑或是"第一代"社会主义，不同学者的表述各异，概念内涵却是一致的。在西方生态社会主义者看来，从来就没有一个真正的社会主义社会，"东欧'社会主义'制度的失败完全是另外一回事"②，何谈社会主义失败论。面对质疑，西方生态社会主义将社会主义与苏联社会主义模式区别开来，充分分析苏联社会主义模式失败的生态诱因，得出苏联社会主义模式走向崩溃的根源不在于社会主义制度本身，而在于苏联对社会主义原则的错误理解和遵循。

对苏联社会主义模式生态批判的热潮始于20世纪90年代，苏联解体、东欧剧变引发了学者们的各种思考，有积极的、也有消极的观点。消极的观

---

① [美]詹姆斯·奥康纳.自然的理由：生态学马克思主义研究[M].唐正东，臧佩洪，译.南京：南京大学出版社，2003：432.
② [印]萨拉·萨卡.生态社会主义还是生态资本主义[M].张淑兰，译.济南：山东人学出版社，2012：2.

点主要是透过苏联解体、东欧剧变对世界社会主义未来发展的担忧甚至否定和批判，积极的方面则是透过现象看本质，去伪存真地坚定社会主义道路，生态社会主义思潮在这一时期充分彰显了他们对社会主义未来的透视。西方生态社会主义者高兹是开启生态视域这一崭新视角对苏联社会主义模式进行批判的第一人，成就了其在生态社会主义理论上的一大创新创造。而对苏联社会主义模式展开最激烈、最透彻的批判当属萨拉·萨卡，萨卡提出了增长极限研究范式，从增长极限视角展开了对苏联社会主义模式的批判。除此之外，詹姆斯·奥康纳、乔尔·科威尔等人也都给出了自己对苏联走向崩溃的生态分析。他们在对苏联社会主义模式进行生态反思的基础上，将未来社会主义社会的构想与传统社会主义或实存的社会主义相区别。

第一节　苏联社会主义模式与生态困境

苏联的理论家和一些西方生态社会主义者认为，传统社会主义社会与资本主义社会一样存在生态问题，传统社会主义社会存在的生态问题不比资本主义社会主义少，但二者在生态危机产生的根源上却存在着根本区别。

一、苏联社会主义模式与真正的社会主义存在差距

"20世纪初，列宁把马克思主义基本原理同俄国具体实际结合起来，创造性地提出社会主义可能在一国或数国首先取得胜利的理论，领导十月革命取得成功，建立了第一个社会主义国家，使社会主义实现了从理论到实践的伟大飞跃。"[①]列宁逝世以后，苏联在斯大林的领导下，逐步形成了高度集中的政治、经济体制，这一时期形成的苏联社会主义模式曾一度代表了世界社会主义发展的前沿。

苏联的飞速发展与其拥有广袤的土地、丰富的矿藏等非常好的自然地理

---

① 实现中华民族伟大复兴的必由之路——关于坚持和发展中国特色社会主义[J]. 前进, 2016 (06), 9-10.

第四章　西方生态社会主义对苏联社会主义模式的生态批判

条件是分不开的。对此，萨拉·萨卡也曾给予了高度评价："世界上没有别的国家能够在开始建设一个'社会主义'社会时拥有比苏联更好的资源条件了。"①萨卡的评价饱含深意，丰富的自然资源、良好的生态环境为苏联的国防安全和经济快速发展提供了多重至关重要的保障：一是为军事领域提供重要原材料，使得以美国为首的西方资本主义国家无法打败社会主义苏联；二是为经济发展提供丰富的资源和能源，使得即使在美国等西方国家对苏联采取相对的经济孤立政策时，也没能阻碍苏联生产力的发展，苏联经济建设在社会主义建设之初仍旧成绩显著。所以，良好的资源条件使得美国等西方国家从经济和军事上扼杀社会主义苏联的图谋破产了。据苏联的相关经济数据表明，苏联经济发展曾经十分强劲。苏联在第一个五年计划期间的经济增长率为13.2%，第二个五年计划比第一个五年计划的增长率还要高，达到了16.1%，第三个五年计划为12.5%，经过了三个五年计划的强势发展，到1940年，苏联的工业产值已经居欧洲第一位，世界第二位。从1956年的第六个五年计划开始，苏联经济增长率浮动到10%以下，一直到第八个五年计划的1970年，经济增长率一直保持在6.5%以上。②客观来看，20世纪上半叶，苏联在社会主义建设过程中积极探索，走出了一条社会主义建设新路，通过数个国民经济五年计划的实施，在短短几十年时间里就基本实现了国家工业化和农业集体化，国家经济快速发展，苏联人民的生活得到改善。对比强烈的是，"在资本主义国家普遍陷入严重经济危机、工人大批失业的情况下，苏联完成了工业化建设，并且基本消灭了失业，实行免费医疗、社会保险、退休金制度等。"③由此看来，苏联社会主义模式基本坚持了社会主义的本质要求，但在追求社会主义发展的过程中却出现了偏差。

科威尔针对苏联走向崩溃提出了质疑："这些有问题的社会是否是实际上的社会主义？为什么他们发生了失败？是否充分意识到社会主义社会将要落

---

① [印]萨拉·萨卡. 生态社会主义还是生态资本主义[M]. 张淑兰, 译. 济南：山东大学出版社, 2012：32.
② 沈国华. 苏联经济数据[J]. 外国经济参考资料, 1982(01)：40.
③ 李燕. 苏联解体不能归因于社会主义经济制度[J]. 历史评论, 2021(06)：44.

入同样的深渊?"①科威尔等西方生态社会主义者在对这些问题的回答中廓清了许多社会主义者的疑惑,澄明了真正的社会主义的本质,从一定程度上回应了"历史终结论"的错误论断。科威尔等西方生态社会主义者认为,苏联社会主义模式不是实际上的社会主义。科威尔指出了"社会主义"发生失败的三重关联,即"经济失败、政治压迫和环境荒芜"②。科威尔认为,"'实际存在的社会主义'从未越过使生产者控制生产资料这一临界点。"③因此,"实际存在的社会主义"无法实现生产者自由联合体。然而,关键问题是,"生产者自由联合的概念是马克思社会主义概念中毫无争议的主旨"④。理想与现实之间的矛盾使得我们清醒地认识到"实际存在的社会主义"并不符合马克思主义意义上的未来社会的标准和样态,因而,"实际存在的社会主义"不能被称作真正的社会主义。因此,西方生态社会主义把苏联社会主义模式归入传统社会主义的范畴。萨卡在其著作《生态社会主义还是生态资本主义》中将苏联社会主义模式表述为"苏联模式'社会主义'",在萨卡看来,苏联模式"社会主义"中引号的使用不代表一种贬义。虽然苏联建立了社会主义制度,可以称得上是社会主义国家,但"并非所有人都认为,这些社会主义社会一直是真正的社会主义"⑤。苏联模式"社会主义"就是把"社会主义"带上引号用以将其与真正的社会主义相区别。

苏联解体后,世界上仍有国家憧憬和继续坚持社会主义制度,充分利用社会主义制度的优越性促进国家发展和改善人民生活。比如社会主义中国,仍然坚定不移高举中国特色社会主义伟大旗帜,把马克思主义基本原理同中国具体实际相结合、同中华优秀传统文化相结合,继续书写中国特色社会主

---

① Joel Kovel. The Enemy of Nature: The End of Capitalism or the End of the World? [M]. London: Zed Books Ltd., 2007: 218.

② Joel Kovel. The Enemy of Nature: The End of Capitalism or the End of the World? [M]. London: Zed Books Ltd., 2007: 217-218.

③ Joel Kovel. The Enemy of Nature: The End of Capitalism or the End of the World? [M]. London: Zed Books Ltd., 2007: 218.

④ Joel Kovel. The Enemy of Nature: The End of Capitalism or the End of the World? [M]. London: Zed Books Ltd., 2007: 219.

⑤ [印]萨拉·萨卡. 生态社会主义还是生态资本主义[M]. 张淑兰,译. 济南:山东大学出版社,2012:1.

第四章　西方生态社会主义对苏联社会主义模式的生态批判

义的壮美篇章。世界上也仍有很多学者积极发声，表达对苏联社会主义模式所起到的划时代意义进行辩证的肯定，肯定了俄国十月革命以及后来斯大林所领导建立的社会主义制度是符合历史潮流的，曾展现出强大的生命力。值得肯定的是，苏联曾试图走出一条替代资本主义的发展道路，这对20世纪的世界产生了决定性影响，我们不能只因当前的危机而拒斥社会主义。还有一些坚定的共产党人和高举马克思主义旗帜的共产党组织认为，苏联解体和社会主义力量的削弱是一种暂时的现象，社会主义的前途是光明的，隧道尽头是社会主义的复兴。詹姆斯·奥康纳认为，资本主义社会和社会主义社会环境破坏的原因既有共同点又有不同点，约翰·贝拉米·福斯特则强调，"苏联的解体并非是历史的终结，而仅仅是社会主义在长达75年发展后的一个暂时停顿，而通过脱离资本主义，建立一个现实的社会主义社会的尝试无疑是有积极意义的。"[1]萨卡也认为，"'社会主义'是灭亡了，但并非社会主义消亡了。"[2]"无论如何，许多人都曾经抱有一种希望：这些社会至少能够通向理想的社会主义。"[3]科威尔和洛威也赞同这一观点，并深刻指出社会主义取代资本主义的历史必然性："如果要想克服资本——这一任务目前已经具有了关系文明生存的迫切性，结果就只能是'社会主义的'，因为只有这一词汇能够代表进入一个后资本主义社会所带来的质变。"[4]

既然众多西方生态社会主义者都对社会主义抱有如此高的期待，那么，社会主义应该走向哪里呢？萨卡对此给出了一条重要建议："社会主义仍有前途，但它必须首先学好生态这门课。"[5]这是建立在否定之上的肯定，这也是生态社会主义在世界社会主义遭遇严重曲折的时刻，坚定站在社会主义一侧，

---

[1] [美]约翰·贝拉米·福斯特,庄俊举. 社会主义的复兴[J]. 当代世界与社会主义,2006(01):143.

[2] [印]萨拉·萨卡. 生态社会主义还是生态资本主义[M]. 张淑兰,译. 济南：山东大学出版社,2012：5.

[3] [印]萨拉·萨卡. 生态社会主义还是生态资本主义[M]. 张淑兰,译. 济南：山东大学出版社,2012：5.

[4] 郇庆治. 重建现代文明的根基——生态社会主义研究[M]. 北京：北京大学出版社,2010：303.

[5] [印]萨拉·萨卡. 生态社会主义还是生态资本主义[M]. 张淑兰,译. 济南：山东大学出版社,2012：5.

积极推动社会主义与生态学联姻,以期在生态学框架内重新定义社会主义。就像科威尔和洛威在《生态社会主义宣言》中强调的那样,"我们把生态社会主义视为20世纪'第一代'社会主义的实现而不是否定……生态社会主义主张在一种生态框架内重新界定社会主义生产的途径与目标。"[①]

二、苏联社会主义模式带来严重生态危机

苏联解体之后,世界很多学者开始对苏联社会主义模式失败的原因进行反思,围绕的角度大都是政治经济层面上的,认为苏联社会主义模式的失败是由于其经济的失败,"运转赤字"和"运转障碍"是最重要的问题。萨卡并不否认"运转赤字"和"运转障碍"对苏联社会主义模式失败所起到的作用,也并不承认这是导致苏联社会主义模式失败的主要原因。萨卡分析,"社会主义"国家的经济失败只是相对于资本主义国家而言的。实际上,就平均生活水平而言,东欧剧变、苏联解体之前的民主德国、捷克斯洛伐克、保加利亚与经合组织的两个国家西班牙和葡萄牙相比,如果不高于他们的话,也是旗鼓相当。民主德国经常性将联邦德国的经济发展水平设定为自己的目标,而苏联往往将美国的发展程度设定为自己的发展目标,从客观上来看,这必然导致一种经济上的"相对失败"。然而,"相对失败"不是掩盖"社会主义"危机的借口,这其中包含着苏联经历飞速发展阶段后走向停滞的经济危机,也包括这种经济危机产生的其他危机,这才是问题的核心。因此,萨卡认为,即便解决了"运转赤字"和"运转障碍"问题,苏联模式"社会主义"仍然不可避免地将会遭遇失败。

苏联解体后,苏联的生态危机被"公开化"。西方生态社会主义发现了导致苏联社会主义模式失败的另一个且容易被人忽视的出口,即生态问题。所以,从生态视角全面展开对苏联社会主义模式的反思与批判成为西方生态社会主义的又一核心论题。奥康纳认为,以苏联社会主义模式为代表的传统社会主义"迅速地(或者更快地)耗尽了它们的不可再生资源,它们对空气、水源

[①] 郇庆治. 重建现代文明的根基——生态社会主义研究[M]. 北京:北京大学出版社,2010:303.

第四章　西方生态社会主义对苏联社会主义模式的生态批判

和土地等所造成的污染即便不比其对手资本主义多,至少也同后者一样。"[1]科威尔强调,"被污染所窒息,被衰退的农业产量所困扰,被诸如咸海消失的梦魇所折磨,苏维埃制度缺乏内部纠正而躺进了一个生态灾难的深坑"[2]。综合来看,西方生态社会主义认为,苏联的生态问题集中在资源的过度开采、使用以及环境的破坏。

一是资源的过度开采和使用。苏联是世界上最为幅员辽阔的国家,在社会主义建设之初就有令人艳羡的自然资源基础和环境基础。西伯利亚作为苏联的"聚宝盆",拥有丰富的天然气、石油和煤炭、有色金属和稀贵金属,这些资源的储备量在世界上都处于数一数二的位置。其中,绝大部分资源都集中在西伯利亚地区,"如煤炭的地质储量在西部地区只占3%,而西伯利亚地区占97%。天然气探明储量中约93%、石油探明储量约62%、水力资源的81.7%都集中在西伯利亚地区。铁的储量在西伯利亚地区虽少一些,但也占43%。"[3]

然而,从1960年开始,许多苏联专家竟开始担心最拿得出手的资源不久将耗尽,这绝非杞人忧天。发生在苏联的种种迹象都佐证着专家们的担心。美国哈佛大学著名的俄罗斯问题专家马歇尔·戈德曼的报告显示,苏联在煤、油、钾和天然气的采集过程中一般会损失50%~60%,戈德曼当然也给出了苏联出现这样惊人的资源损失率的原因。他举例说道:"一名苏联矿主在开采了最丰富的矿石后,他的边际成本和平均可变成本开始提高。当开采一个单位的矿石和油井需要更多单位的劳动力和机械时,矿主就会开始寻找另一个更容易开采的矿场或油井……当旧址的边际成本(主要是劳动力、资本和运输成本)开始超过新地方的成本时,矿主就会离开旧地点,去寻找新的地点。"[4]在急于求成的经济数据面前,在追求低成本的开采者那里,宝贵的自然资源

---

[1] [美]詹姆斯·奥康纳.自然的理由:生态学马克思主义研究[M].唐正东,臧佩洪,译.南京:南京大学出版社,2003:407.
[2] Joel Kovel. The Enemy of Nature: The End of Capitalism or the End of the World? [M]. London: Zed Books Ltd., 2007: 226.
[3] 卢春月.前苏联加速开发西伯利亚的历史背景[J].边疆经济与文化,2009(09):57.
[4] [印]萨拉·萨卡.生态社会主义还是生态资本主义[M].张淑兰,译.济南:山东大学出版社,2012:28.

俨然变成了可供无限挥霍的平平无奇的东西，如此开采已不仅是竭泽而渔式地利用资源了，而是从意识根源上对自然资源的不尊重和对生态环境的有意无视。在他们的眼中，资源"是最便宜的"，因此，苏联专家对资源挥霍殆尽的担心不无道理。正当苏联及其建设者们沉浸在无尽资源的利用和对丰厚资源的盛赞中时，殊不知，他们引以为傲的一些"巨额的天然财富"，如石油、天然气、各种矿物、水电潜能、木材、肥沃的土壤等，正在悄然变化。以苏联的铁矿石为例，虽然从具体数据上看，1960—1978年铁矿石产量在逐年攀升，可是从产量增长率的变化趋势来看，存在着极大隐忧。苏联在1966—1970年的铁矿石产量是5.1%，1971—1975年是3.6%，1976—1979年则仅有0.6%。[①] 这还不是最严重的情况，1979年，苏联竟遭遇了历史上从未有过的减产，究其原因，则要追溯到苏联建设之初对资源的挥霍式开采。表面的、运用较低成本就可以开采的资源被开采殆尽，为了维持开采水平，必须要付出更大成本挖得更深更彻底，才能达到开采目标。以克里沃罗格铁矿床为例，经过了100年的开采，表层的较为容易开采的铁矿石已经完全开采，现在只能在500米深处才能采掘到。容易开采和利用的矿石储量已经不多，剩余储量的矿石开采难度越来越大，成本就会越来越高，成本高到一定限度就会失去继续开采的价值。苏联资源开采的现实印证了萨卡所提出的"品位下限"的概念，预示了苏联不加节制地开采资源终将面临窘境。

二是环境污染问题。与苏联的经济发展相伴相随的除了资源的消耗，还有环境的污染。苏联的大气污染问题、水污染问题十分严重，核污染更是成为污染大气、水资源和土壤的头号杀手。据统计，"1969年苏联排入空中的粉尘为2 000万吨，二氧化硫2 000万吨，一氧化碳2 500万吨。"[②]1980年以后，苏联大气污染指数更高，苏联很多城市的上空都已经能够用肉眼看到烟雾弥漫的景象。苏联国家水文气象委员会主席尤里·伊兹拉埃尔针对戈尔巴乔夫关于100多个城市大气层中有害物质超过标准的发言予以回应，回应中指出，1988年，苏联有103个城市大气层中的有害物质超过了允许的标准，其中大

[①] [日]渡边博志. 苏联资源蕴藏量及其开发现状[J]. 罗功, 译. 国际经济评论, 1981(11): 80.
[②] 翼翔. 苏联经济发展中的环境污染问题[J]. 世界经济, 1986(04): 84.

气污染程度最高的城市中就包括克里沃伊罗克、秋明、克拉斯诺亚尔斯克、基辅等资源贮藏重地。[①] 除了大气污染外，苏联的水污染问题也同样严重。1984年5月，时任苏联水利部长的尼古拉·瓦西里耶夫在《消息报》中承认水质污染事故在苏联是很普遍的。苏联境内的伏尔加河、乌拉尔河、托木河、第聂伯河、萨基湖、黑海、亚速海、波罗的海和里海都未曾幸免。第聂伯河因造船厂排放污水而导致河水"闪烁着七色虹彩"。更为严重的是，1983年9月，一家化肥厂的水坝崩溃导致数百万吨含有钾的污水流入了第聂伯河，最终导致四分之三的污水流入黑海，萨基湖则因依湖而建的除草剂厂饱受化学药品和除草剂污染的威胁……

苏联的核污染问题波及的范围更广，危害更大，对苏联的整体生态造成了巨大伤害。冷战时期的苏联迫于军备竞赛的压力，大力发展核武器、核工业，对核试验的热情始终不减。数据显示，当时苏联进行核爆炸的次数和总核当量位于世界首位，苏联存续期间共进行了715次核爆炸，其中在大气层中进行的核爆炸为215次，截至1991年，苏联的核当量为4.52亿吨，占世界核当量总数的71.4%。[②] 苏联把核事业发展的结果放在首位，忽视了过程管理和对环境及人的危害，导致苏联核事业飞速发展的这一时期的核泄漏、核辐射、核污染等大大小小的事件时有发生。1986年，苏联发生了有史以来最为严重的核事故——切尔诺贝利事件。1986年4月26日，苏联切尔诺贝利核电站4号机组突然爆炸，大量强放射性物质泄漏，酿成人类和平利用核能史上最严重的事故之一。外泄的辐射尘随着大气不规则地飘散到苏联的诸多地区甚至是苏联以外的地区，直接污染核电站周围6万多平方公里土地，320多万人受到核辐射侵害。[③] 这些惨痛的经验教训也让我们反思，究竟应该如何处理好核事业与自然环境的关系。

三、社会主义和资本主义两种制度下生态问题差异

苏联理论家科金认为，环境问题是所有工业发达国家都不能回避的现实

[①] 邱蔚芳. 苏联100多个城市空气污染严重[J]. 今日苏联东欧, 1989(06): 40.
[②] 赵海燕. 远东和西伯利亚的核污染问题[J]. 西伯利亚研究, 1995, 22(02): 48.
[③] 新华社记者. 切尔诺贝利之殇的当代警示[N]. 新华每日电讯, 2021-04-28(7).

问题,但是,应看到不同社会经济结构解决这些问题的方法存在根本不同。库马洛夫也认为,虽然苏联的情形不比美国或欧洲好,但是相较于他们的一片黑暗,苏联还有希望。因此,尽管从结果上看,无论资本主义国家还是传统社会主义国家都没能幸免于生态问题,我们仍要辩证地看待传统社会主义与资本主义所面临的生态问题。

奥康纳认为,对传统社会主义国家环境问题的理解必须"放置在自20世纪早期以来主要的西方国家对社会主义国家所发动的政治—经济—军事—意识形态斗争的语境之中,同时必须被放置在第二次世界大战结束以来的冷战的语境之中。"①奥康纳对传统社会主义国家生态问题的分析框架,回应了人们对"既然前社会主义国家也对自然造成了这样大的破坏,那么为什么还会有人在谈论'社会主义与自然'时丝毫不提及它的负面影响"②这一问题。"由于社会主义国家的财产关系和法律关系是不同于资本主义世界的,所以,对于它们来说,破坏环境的原因和影响又是不一样的。也可以这样讲,因为存在着两种政治体制,而且它们在市民社会和国家之间的关系上也存在着一些相应的差异,所以这也会造成环境破坏的原因和影响的不同。"③传统社会主义社会的生态问题与资本主义社会相比较,在其实质和程度上存在以下区别。

第一,从生产的目的来看,资本主义遵循"不积累就死亡"的增长观,实现利润最大化是生产的目的本身,资本主义社会的经济增长既是手段也是目的。而传统社会主义生产的目的在于生产使用价值,而不是利润,虽然生产也是为了实现经济增长,但是增长的目的不在于增长本身,而在于通过经济增长实现"赶上西方"的政治愿望。因此,以苏联为代表的传统社会主义国家的发展除了本身的经济价值、社会价值外,更被赋予了极高的政治价值。为了避免以美国为首的西方国家的威胁与颠覆,苏联赶英超美势不可挡的情景犹在昨日,这种赶超发展的战略虽然极大地增强了苏联的经济军事实力,甚

---

① [美]詹姆斯·奥康纳. 自然的理由:生态学马克思主义研究[M]. 唐正东,臧佩洪,译. 南京:南京大学出版社,2003:419.
② [美]詹姆斯·奥康纳. 自然的理由:生态学马克思主义研究[M]. 唐正东,臧佩洪,译. 南京:南京大学出版社,2003:407.
③ [美]詹姆斯·奥康纳. 自然的理由:生态学马克思主义研究[M]. 唐正东,臧佩洪,译. 南京:南京大学出版社,2003:409.

第四章　西方生态社会主义对苏联社会主义模式的生态批判

至一度与美国抗衡，形成了美苏两极争霸的世界格局，与此同时，苏联也付出了昂贵的生态代价。因此，传统社会主义发展本身不具有无计划、无限发展而导致资源枯竭和环境污染的基因。

第二，从运作原则来看，传统社会主义社会是在中央计划下进行生产以完成计划下的生产配额。科威尔认为，"实际存在的社会主义"没有复制西方的资本主义结构，主要通过国家和政治手段进行生产发展。萨卡对此给出了解释，并提出了"外部成本"这一关键概念。所谓的"外部成本"是指资本主义社会中，由于破坏生态环境而应付出的代价是不算在企业生产成本当中的，这部分本应由企业来承担的责任，最终却转移至社会承担，因而被称作"外部成本"，这也"成就"了资本主义企业在发展过程中通过牺牲环境换取利润的肆无忌惮。所以，当所有的生产资料都归国家所有的时候，企业生产所造成的环境污染仍然需要国家承担，国有企业的发展需要在经济效益与环境效益中寻求"两全法"，就不会出现资本主义社会为了增加利润而产生"外部成本"的情况。传统社会主义社会的企业并没有遵循资本主义企业利润最大化的运作原则，避免出现类似资本主义企业不顾及"外部成本"、专注提高利润率的不负责任行为。

第三，从消费方式来看，发达工业社会为缓解经济危机和转移社会矛盾，创造了一个"商品制造消费者"的社会。在这个社会里，生产不再决定消费，消费变成了生产扩张的内在动力。资本主义国家和企业"通过广告、包装、款式变化、型号变化、产品分化、产品升级换代以及信用购物"①，刺激大众完成消费过程。这一过程既满足了资本主义实现持续积累的目标，也逐步消解了工人阶级跨越现行社会制度的勇气与力量。消费不再是人对物的基本需求而是一种虚假需求，消费演变成了人们宣泄情感、制造虚假满足的渠道，人们把幸福感与消费品的数量和金额等同起来，消费从自由意志变成了意识强迫，消费者从商品的主人变成了商品的奴隶，消费过程逐渐走向病态。资本主义竭力营造虚假需求进而促进消费的方式导致了超出正常消费需求的"异化

---

① ［美］詹姆斯·奥康纳.自然的理由：生态学马克思主义研究［M］.唐正东，臧佩洪，译.南京：南京大学出版社，2003：416.

消费"现象。"异化消费"是"人们为补偿自己那种单调乏味的、非创造性的且常常是报酬不足的劳动而致力于获得商品的一种现象"[①]，诠释了"异化劳动"和"异化消费"之间的关系，阐明了社会矛盾由生产领域转到消费领域的内在机理，预示了超过合理需求的过度需求必然带来资源浪费和生态破坏。相较于资本主义注重交换价值的生产，传统社会主义更注重使用价值的生产和强调较为集约的集体消费模式，如公共交通、集体性的娱乐和休闲设施等，因此，"社会主义经济所使用和消费的资源要比资本主义经济少，而且社会主义的个人消费所产生的污染也比较少"[②]。

第四，从社会分配的公平正义来看，传统社会主义的政治和经济决策遵循着平等原则，努力实现充分的就业和社会保障以保证劳动者可以平等地享有社会发展的成果。可是，资本主义社会的贫富分化却十分明显，资本主义社会发展的成果只有少部分位于金字塔顶端的人才能享有。

第五，从生态殖民导致的后果看，萨卡认为，苏联是能源大国，因此，在很长一段时间里，苏联都不需要依靠进口就能自给自足地完成发展。然而，苏联迫切成为一个超级大国的梦想使得其必须走向世界市场进而获得更多的商品和技术，这是苏联走向世界的出发点。西方工业化国家与苏联有很大的不同，他们走向世界是为了寻求更多的廉价的自然资源和劳动力，甚至通过征服和剥削殖民地的方式掠夺自然资源和劳动力资源，用极其低廉的成本极大地推进了资本主义原始积累的进程。即使这些被殖民的国家获得了政治上的独立，西方国家仍然会用新殖民主义政策继续实施剥削和利用，"对西方工业国家来说，欠发达国家——它们从前的殖民地和现在的新殖民地——进口资源和初级产品的费用，一直在不断下降。1961—1964年，西欧国家用一只瑞士手表能换到7.5公斤的坦桑尼亚咖啡……而十年后，1971—1974年，同样一只手表能够换来14.2公斤坦桑尼亚咖啡。"[③]从政治经济殖民到生态殖民，

[①] 俞吾金，陈学明. 当代国外马克思主义哲学流派新编[M]. 上海：复旦大学出版社，2002：494.

[②] [美]詹姆斯·奥康纳. 自然的理由：生态学马克思主义研究[M]. 唐正东，臧佩洪，译. 南京：南京大学出版社，2003：416.

[③] [印]萨拉·萨卡. 生态社会主义还是生态资本主义[M]. 张淑兰，译. 济南：山东大学出版社，2012：51.

第四章　西方生态社会主义对苏联社会主义模式的生态批判

南方国家被排挤到边缘地带，越来越贫困的他们不得不通过持续破坏环境换得生存。

苏联明显没有西方发达国家所谓的"优势"，苏联和其他的传统社会主义国家没有殖民地可以依赖。有的人认为，过去的俄罗斯帝国存在殖民强权，比如西伯利亚等。然而，要知道在俄罗斯开始工业化时，这些俄罗斯帝国的殖民地已经与俄罗斯一起成为苏联的一部分，他们相互平等、共同发展。在一些像西伯利亚这样的资源丰富但气候条件相对恶劣的地方，面对招工困难的情况，苏联甚至开出了非常优厚的条件吸引工人来到这里工作。同时，苏联也没有殖民地为其源源不断地提供极其低廉的原材料，因此，很大程度上，苏联依然是依靠自己的资源和自己的劳动力开展自己的建设。

总而言之，虽然苏联同资本主义社会一样存在生态问题，究其本质存在着很大区别。科威尔和洛威在《生态社会主义宣言》中对苏联社会主义模式，也就是"第一代"社会主义失败的生态根源进行了总结，指出"第一代"社会主义"对内部民主的拒绝和资本主义生产主义的效仿，以及对其自然环境的掠夺性破坏"①三个层面的原因是导致苏联遭遇生态危机的根源。

第二节　将经济理性奉为圭臬而忽视了生态理性

安德烈·高兹通过对资本主义经济理性的批判，证明资本主义与生态之间矛盾的必然性与不可调和性。同时，高兹认为，苏联社会主义模式在本质上同样奉行经济理性，与资本主义实际上是工业社会的两个变种。高兹曾毫不留情地对苏联社会主义模式为代表的"旧的社会主义"进行评价："作为一种制度，旧的社会主义（指东欧和苏联）已然式微。作为一种运动和有组织的政治力量，它殚精竭虑，力不从心。"②

---

① 郇庆治.重建现代文明的根基——生态社会主义研究[M].北京：北京大学出版社，2010：303.
② [法]安德烈·高兹.资本主义，社会主义，生态——迷失与方向[M].彭姝祎，译.北京：商务印书馆，2018：1.

事实上，"列宁高度重视苏联的环境保护，这也使得苏联成为世界上第一个建立自然保护区的国家。从 1925 年到 1929 年，自然保护区的数量，从 4 000 平方英里（10 360 平方千米）增加到了 15 000 平方英里（38 850 平方千米）。"[①]除此之外，苏联还出台了相应的环保法以约束工业化带来的环境污染。1977 年，苏联甚至将保护环境纳入宪法，以宪法的权威性约束和限制国家和公民的行为，希望实现保护生态环境的目的。但实际上，苏联制定的一系列环境保护法并未彰显其应有的法律权威。对自然保护区的破坏一直未曾停止，而依照法律应该予以惩戒的行为也并未受到相应法律的严惩，由此诱发的破窗效应导致苏联自然保护区逐步遭遇了毁灭性的打击。一直到 20 世纪 50 年代初，苏联自然保护区总面积从巅峰时期的 124 320 平方千米减少到的 14 762 平方千米，这一现象也充分印证了萨卡的一句名言："法律、宪法和意愿是一回事，而经济、政治和社会现实又是另外一回事。"[②]高兹进一步指明这一现象的本质，认为苏联社会主义模式遵循的是经济理性而不是生态理性。

为什么苏联会把经济理性奉为圭臬？高兹认为有以下几个方面的原因：一是全球经济一体化的影响下，社会主义国家从西方引入技术和生产系统等，必然会造成和资本主义国家相似的后果；二是苏联高度集中的政治经济体制为苏联社会主义模式奉行经济理性提供了制度条件；三是苏联社会主义建设对工业化快速发展的经济需求以及"赶上西方"的政治价值追求，使得苏联社会主义模式下的经济社会活动受到经济理性的牵制。更多的生产与更严重的生态破坏继承了经济理性主导下经济发展和环境保护之间不可调和的矛盾。

科威尔也赞同高兹的这一观点，认为俄罗斯的近代史被弥赛亚意识和矛盾心理主宰，"布尔什维克结合这种特点，在塑造他们世界观的开始，就坚定了要迅速追赶西方国家的目标，而且早期严重的危机使得他们这种心思更加强烈"[③]。也正是因为如此，苏联从来不认为他们的经济增长率和达到的富裕

---

① [印]萨拉·萨卡. 生态社会主义还是生态资本主义[M]. 张淑兰, 译. 济南：山东大学出版社, 2012：38.
② [印]萨拉·萨卡. 生态社会主义还是生态资本主义[M]. 张淑兰, 译. 济南：山东大学出版社, 2012：38.
③ Joel Kovel. The Enemy of Nature: The End of Capitalism or the End of the World? [M]. London: Zed Books Ltd., 2007：178.

程度令人满意。20世纪60年代中期以后，苏联尽管进行了各种经济改革，但是，其根源上仍未摆脱经济理性的支配，经济改革并没有得到实质改善。进入20世纪80年代以后，面对经济社会发展的困境，苏联开始尝试更为激进的政治经济改革，即推行"改革的新思维"。1985年4月，米哈伊尔·谢尔盖耶维奇·戈尔巴乔夫接任苏联共产党中央委员会总书记后便开始实行大刀阔斧的改革，1987年11月1日整理出版了《改革以及关于我国和全世界的新思维》，后以《改革与新思维》为书名再版。这本书总结了苏联两年半以来的改革，分析了正处于开始阶段的改革所取得的进展和面临的种种问题与困难，阐述了不断用新的观点和思想充实已有改革理论与计划的必要性。这本书的重点在于详细整理戈尔巴乔夫的"改革的新思维"，如经济上主张实行"加速战略"，政治上实行"新的政治思维"，外交领域上"新的国家关系基础"，还涉及军备竞赛、意识形态领域、国家安全领域的认识等。然而，改革并没有触及苏联所面临问题的根本，且在西方各种强大攻势尤其是意识形态领域的渗透下偏离了正确方向，苏联经济出现了前所未有的下滑。"从1976年的第十个五年计划开始，苏联经济的实际增长开始难以达到预期，第一次跌破到5%以下，并呈现逐年下降的趋势。1986—1990年，苏联的年均经济增长率仅为1.3%。从1990年开始苏联经济竟然出现了负增长，这是苏联有史以来经济增长率的首次下降，1991年苏联经济继续呈现负增长，增长率下降近15%"[①]。苏联经济走向崩溃，苏联走向崩溃。

第三节 粗放型经济增长模式遭遇增长极限

20世纪50至60年代，以西方国家为代表的整个世界都陷入增长的狂热，这其中也包括苏联，此时的苏联正处于增长的黄金时代，达到了这一轮增长的顶峰。眼前的一片繁荣带给人们的更多的是对于美好未来的憧憬，使人们忽视了繁荣背后伴随而来的是以资源浪费和环境污染为核心的严重的生态

---

① 刘洪潮，等.苏联1985—1991年的演变[M].北京：新华出版社，1992：57.

问题。

一、增长极限范式的提出

生态破坏、贫富分化、就业无保障等诸多问题引发了德内拉·梅多斯等人对人类未来的思考,梅多斯等人警示道:"如果世界人口、工业化、污染、粮食生产以及资源消耗按现在的增长趋势继续不变,这个星球上的经济增长就会在今后一百年内某个时候达到极限。最可能的结果就是人口和工业生产能力这两方面发生颇为突然的、无法控制的衰退或下降。"[①]

出于对人类未来的关切,梅多斯等人在1972年提交了一份名为《增长的极限》的研究报告,这份报告引发了人们的广泛关注和讨论,有的人认为这份报告谈论的是经济增长将遭遇极限,而实际上,这份报告的侧重点在于"人类生态占用"的增长极限。世界在物理上是有限的,相对"人类生态占用"占比的不断增长,世界已经变得相当狭小,必然产生资源短缺和环境污染问题,并从区域性问题扩展为世界性难题。因此,《增长的极限》对自1972年至2100年间世界可能出现的12种未来前景展开了分析,该项研究的主要结论是:"全球范围内的决策延迟将会导致人类经济在人类生态占用增长缓慢下降之前就会超过地球极限。一旦处于不可持续的状态中,人类社会将会被迫降低其资源利用率和排放率。"[②]因此,这份报告建议尽快开始行动是非常重要的,全球政策在1975年实施时可以解决这个问题,同时报告也明确了问题解决的根源在于首先要处理好贫穷、失业和养老保障这三个难题,因为,正是这三个层面的原因生发出了对增长的全球迷恋。

然而整个世界特别是西方社会并没有被《增长的极限》所惊醒,反而是对《增长的极限》中的观点进行大肆批判。事实胜于雄辩,20世纪70年代以来,世界经济发展放缓。1973年,由于中东地区爆发战争而引发的第一次石油危机蔓延全球,对世界经济造成沉重打击。有很多人开始看到石油作为经济发

---

① [美]德内拉·梅多斯,乔根·兰德斯,丹尼斯·梅多斯. 增长极限[M]. 李涛,王智勇,译. 北京:机械工业出版社,2013:12.
② [美]乔根·兰德斯. 极限之上:《增长的极限》40年后的再思考[J]. 王小钢,译. 探索与争鸣. 2016(10):4.

第四章　西方生态社会主义对苏联社会主义模式的生态批判

展的重要能源不是源源不尽的,而是会枯竭的。第一次石油危机只是能源危机的先兆,如果不作出重大努力调整能源消费结构和方式,那么人类在不久的未来将会面临的不仅是垄断导致的能源危机,而是能源短缺的严重问题。虽然世界经济发展放缓并非是受到《增长的极限》的影响,但却从实证角度证明了《增长的极限》的科学分析。

截至目前,《增长的极限》已经进行了多次再版,第一版是1972年面世的,第二版时隔20年,在1992年出版,第三版是在2004年,第四版则是在2013年。《增长的极限》再版的重点旨在更新数据,改进模型,加入新的研究方法和研究成果,与时俱进地澄清一些读者对部分观点的误解等。其中,数据的更新最为重要,通过这些新数据,我们可以更加直观地了解当今世界的实际状态,通过"距离极限还有多远或已经超出极限多远的直观认识"[1],增强生态保护的紧迫性。

生态问题关涉的领域很多,是一个繁杂的系统,所以,对这样一个现象的认识需要一个能够对观测到的现象的全过程进行基本解释的研究范式。萨卡认为,随着《增长的极限》问世,新的建立在增长极限基础上的范式已经出现,萨卡把它称作"增长极限"范式。为了更加突出"增长极限"范式相较于已有研究范式的特点,萨卡将"增长极限"范式与马克思主义的范式相比较。

萨卡指出了"增长极限"范式相对于马克思主义的范式的优势,一是"增长极限"范式是从生态承受力出发考量人类社会发展活动的,而马克思主义的范式没有意识到增长极限;二是"增长极限"研究范式能对更多的观察对象予以解读,可是马克思主义的范式却无法应对非商业领域的且在当今社会频发的资源问题、环境问题、普遍性贫穷等问题。为了证明"增长极限"范式的优越性,萨卡指出了很多异常现象,如无产阶级并没有变得更加贫穷,资产阶级和其他富人一直是主动热心地投资于贸易和工业,发达资本主义国家也没有走向崩溃……对于这些异常现象,在萨卡看来是无法在马克思主义的范式下得到解释和说明的。萨卡认为,马克思主义的范式对于资本主义危机理论的

---

[1] [美]德内拉·梅多斯,乔根·兰德斯,丹尼斯·梅多斯.增长极限[M].李涛,王智勇,译.北京:机械工业出版社,2013:XV.

研究停留在表面，无法针对当前社会较深层次的问题和危机给出合理的解读，运用"增长极限"范式却能简洁明了地说明这些问题，如："发达资本主义国家之所以还没有崩溃，是因为那里还没有达到增长极限"①。萨卡同时强调，与已有发展范式相比，"增长极限"范式的支持者相较于"发展"，更关心"生存"，当然，如果能够寻找到二者之间的平衡点，实现可持续发展或者是生态的工业社会，那将是再好不过的事了。只是，在萨卡看来，实现范式的转换很难，即使大部分人在对未来社会的畅想上形成了对建设可持续发展的工业社会或生态现代化的观点，也很难真正从思想上将这一发展目标真正建立在"增长极限"范式下，其很大程度上运用的仍然是发展的范式。对此，萨卡强调："我们必须使用下列法则，如"减少消耗、降低利润及其副产品、增加成本"②等，这也是萨卡对发展的范式的可持续性的一种回应。事实证明，发展的范式对于未来的想象已经不符合当今时代的需求。当然，萨卡也承认，"增长极限"范式并不能够解释当今社会当中的所有问题和危机，但它却能够将国家政策和行动的方向引向可持续发展的轨道。

二、苏联狂热时代精神指引下的粗放型经济增长模式

西方生态社会主义者将苏联社会主义模式的发展方式定义为粗放型增长模式。他们认为大多数的社会主义国家的共产党是在经济文化相对落后的基础上取得政权的，以苏联为首的社会主义国家的发展需要经历资本主义国家早期经历过的粗放型的发展时期，如"资本扩大的投资项目、重工业、巨型能源工程、农民的无产阶级化等"③。过于注重工业化发展导致农业、轻工业、重工业发展极不协调以及工业化进程中出现的技术滥用的情况，给苏联带来了严重的生态问题。

在冷战氛围下，苏联随时面临着被颠覆的危险，为了维护新生政权安全，

---

① [印]萨拉·萨卡. 生态社会主义还是生态资本主义[M]. 张淑兰, 译. 济南：山东大学出版社, 2012：19.
② [印]萨拉·萨卡. 生态社会主义还是生态资本主义[M]. 张淑兰, 译. 济南：山东大学出版社, 2012：20.
③ [美]詹姆斯·奥康纳. 自然的理由：生态学马克思主义研究[M]. 唐正东, 臧佩洪, 译. 南京：南京大学出版社, 2003：417.

第四章 西方生态社会主义对苏联社会主义模式的生态批判

就必须通过快速实现工业化推动经济增长。所以，20世纪60年代中后期，苏联等社会主义国家依靠粗放型的经济增长方式实现了迅速发展。科技的飞速发展、无限制的进步、人类的无限能力，迎合了苏联人民赶超资本主义国家的急迫心情，成为鼓励苏联人民改变自然、征服自然的时代精神，从苏联的最高领袖斯大林到广大的知识分子都对此深信不疑，经济理性战胜了一切。苏联作家萨苏柏林在第一次西伯利亚作家大会上毫不吝啬地抒发了他对工业化发展的狂热之情，他动情地憧憬着西伯利亚的未来："我希望，西伯利亚那柔弱的绿色胸膛上披上城市的水泥盔甲，戴上工厂烟囱的坚硬口罩，拴上铁路线的锁链。"[①]萨苏柏林认识到工业化将带给西伯利亚的将是针叶林被燃烧成灰烬、大草原被践踏和毁坏。但是，在萨苏柏林看来，这都是工业化进程中不可避免的事，森林、草原与水泥、钢铁比起来微不足道，只要全人类的钢铁之躯被建造起来，这些损失都是值得的。苏联诗人马雅科夫斯基专门写诗赞叹西伯利亚腹地工业城市新库兹涅茨克的崛起，对这个新兴的工业城市满是憧憬。马克西姆·高尔基对运河的称呼更是上升到"主"和"圣人"的层面。苏联上下对发展的执着与狂热使得苏联付出了高昂的生态代价，苏联严峻的生态危机又造成苏联经济停滞，最终苏联解体。

三、苏联遭遇增长极限与生态恶化

在对苏联社会主义模式进行反思的过程中，萨卡从"增长极限"范式出发分析了苏联粗放型增长模式，并认为所有的经济改革都没有能够克服危机，其主要原因是不能消除增长极限。因此，萨卡将苏联社会主义模式失败的最重要原因归因于增长极限和生态恶化。

一是资源的极限。资源的极限不仅是指我们固有思维中的不可再生资源的有限性，萨卡认为仅仅了解地表上下的资源数量是不够的，所以资源的极限也指向资源开采和利用过程中的成本极限。就这两个方面而言，都是造成增长极限的重要原因。但是，一部分人对"资源的极限"这一说法并不赞成，

---

① [印]萨拉·萨卡. 生态社会主义还是生态资本主义[M]. 张淑兰, 译. 济南：山东大学出版社，2012：39.

威尔弗雷德·贝克曼认为,"埋藏在地球表层一英里以上的矿藏足以满足下一个一亿年的不断的经济增长需求"[①];朱利安·西蒙和赫尔曼·卡恩也认为矿物资源用"更加稀少"来评价不适合,应该用"较为稀少"才能证明他们所作出的未来社会无论是从人口压力、污染程度、生态状况等都将会越来越好的论断;还有一些关于原材料价格的全面分析,的确出现了开采部门成本下降、原材料价格下降的趋势。萨卡面对这种数据和理论分析相结合的、看似无懈可击的分析时承认,"根据物质守恒定律,什么东西也不会消失",人们只是"不得不使用矿石浓度越来越低、越来越难以得到的资源和矿藏"[②]。萨卡认为他所强调的资源的"耗尽",指的是资源已经变得不易获取或过于昂贵,也就是萨卡提到的开采成本的问题,成本的高昂使得资源开采的利润率为零甚至是负数的时候就失去了开采的意义。

与西方资本主义国家相比,苏联缺乏廉价的劳动力,缺乏作为资源宝库的殖民地,所以,萨卡更加关注造成苏联经济停滞甚至衰退的成本的极限的内在逻辑。萨卡列举了亚干别戈扬对西伯利亚地区开发利用问题的思想变化。从1977年陶醉于西伯利亚的巨额天然财富,畅想开发西伯利亚的宏伟计划,到1988年他所感受到的燃料和原材料开采的逐年下降与开采成本的不断提高,资源开采受到开采成本的限制。相较于亚干别戈扬对西伯利亚开发的曲折认识,苏联高级科学官员、生态学家的鲍里斯·库马洛夫对西伯利亚开发的过高成本早已进行了全面估量。库马洛夫认为,西伯利亚地处高寒,冻土覆盖面广,"没有技术能使生物产量有任何更大程度的提高"[③]。除此之外,永久冻土区的房子经常下陷而导致不能使用,公路也因冻土区的季节变化而经常变得凹凸不平,重新盖房子和修路大大增加了西伯利开发的成本。"1988年苏联每吨石油的开采成本已经从并非特别早期的3卢布上涨到12卢布,1994年石油公司BP的一份研究报告显示,俄国在原苏联地区石油的产量仅相当于

[①] [印]萨拉·萨卡. 生态社会主义还是生态资本主义[M]. 张淑兰,译. 济南:山东大学出版社,2012:93.

[②] [印]萨拉·萨卡. 生态社会主义还是生态资本主义[M]. 张淑兰,译. 济南:山东大学出版社,2012:95.

[③] [印]萨拉·萨卡. 生态社会主义还是生态资本主义[M]. 张淑兰,译. 济南:山东大学出版社,2012:30.

第四章　西方生态社会主义对苏联社会主义模式的生态批判

1987年的60%。"[①]资本投入产出率的下降在石油开采领域的具体呈现就是石油产量的下降与石油开采成本的上升。除此之外，还有一个容易被人们忽略的成本就是处理垃圾的成本，由于矿石品位的下降，导致生产同样数量的金属所生产出的垃圾量较以往急速增长，垃圾处理成本终会超出所生产的金属的价值，增长极限因成本的增加而逐渐显现。

萨卡认为那些无限增长的乐观派的想法只是一种幻想而已。当然，萨卡也毫不客气地指出这些来自西方资本主义国家的学者之所以认为资源问题毫无压力，且之所以西方资本主义国家在能源和原材料的开采和使用上拥有"可观"的数据，并不意味着他们从本国开采的部分能够走出资源极限的定律。实际上，西方资本主义国家内部也存在着开采的利润率不断下跌的情况，只是西方国家还有为其所奴役和殖民的第三世界国家的资源可供开采和利用，第三世界国家开采的成本普遍较这些已经经历过大规模开采的国家要低很多。因此，综合来讲，西方国家并没有深切地感受到资源的极限。另一方面，一些西方不可再生资源方面的专家对包括石油在内的不可再生资源储量的乐观估计也被不断公布的数据所否定。部分专家以石油为例，认为石油的开采量之所以会出现下降，是因为对石油的"已知储量"的不明确，通过技术勘探可以增加我们对石油储量的估计。但是，1999年华尔街的金融巨头高盛投资银行发布的数据表明，全球90%的常规石油已经被发现，西方资本主义国家对资源的乐观估计显然过于乐观，除了石油外，天然气、煤炭等不可再生资源也同石油一样，如今能探测到的几乎就是全部。

一些学者承认不可再生资源正遭遇增长极限，于是将解决问题的方向转到可再生资源的开发和利用上，他们认为通过科学技术和资金投入充分开发和利用可再生资源，可以解决我们当前所面临的资源和环境问题。欧洲太阳能协会主席赫尔曼·希尔曾高度赞叹太阳所蕴含的强大能量，并认为这种巨大的能量所拥有的潜力完全能够满足世界能源消耗量，除此之外，还有风能、水能等，都蕴含着强大的能量。人们对这些可再生资源抱有极大期待，仿佛

[①] [印]萨拉·萨卡.生态社会主义还是生态资本主义[M].张淑兰，译.济南：山东大学出版社，2012：30.

依靠这些资源就可以解决人类所面临的所有问题。萨卡就此反问道,"果真如此的话,人们知道这些事实已经几十年了,为什么我们还是没有能够解决我们所面临的能源和环境问题?"[①]一石激起千层浪,对可再生资源过于乐观的背后是他们天真而又理想化地考虑到了结果,却没有考虑到将太阳、水、植物燃料转化成能量的过程需要的成本等因素,我们也可称之为能量平衡赤字。也就是说,可再生资源取之不尽用之不竭是它的优势,却不代表可再生资源使用起来便宜。2000年,德国生产一度太阳能电的成本大约是常规电能生产成本的19倍,高昂的成本使得光电研发步履维艰。德国为了推动太阳能的发展采用了国家资助、政策推销的方式推动光电技术的发展,然而这只是光电技术研发—产出—售卖—应用的理想模型。著名的生态自然主义者巴里·科门内尔认为,"如果没有良好的储存介质,太阳能和风能一样是完全不可靠的。"[②]太阳电力要转化成液体氢,转化过程的燃料成本是传统能源成本的50倍,在转换的过程中,最初收集的能量的95％也将会丢失……除了转换成本过高和资源流失之外,太阳能电站的建造和养护及使用周期的有限性也必须要计算在太阳能生产的成本中。一个太阳能电站的生命周期通常只有20多年,太阳能电站的关键设备的生产,如太阳的收集器及生产过程中所需要的能源基础并不是太阳能,而是煤、石油、铀等不可再生资源。由此可见,我们寄予厚望的太阳能,也许它本身的确是清洁可再生的,但是,获得太阳能的过程对不可再生资源的依赖限制了太阳电能的转换量。乔治斯库-洛根就此将太阳能技术形象地评价为矿物燃料的"寄生虫",他认为,"像所有的寄生虫一样,只要它的'主人'能够存活,任何建立在当前可行处方基础之上的太阳能技术就能生存下去。"[③]太阳电能的成本过高,这就导致能源偿还成本年限超过了一般企业可以承受的范围,企业对利润率是有要求的,如果企业投入长时间超过产出,那么就没有企业能够继续运转下去。太阳能爱好者曾试图通

---

① [印]萨拉·萨卡. 生态社会主义还是生态资本主义[M]. 张淑兰,译. 济南:山东大学出版社,2012:104.

② [印]萨拉·萨卡. 生态社会主义还是生态资本主义[M]. 张淑兰,译. 济南:山东大学出版社,2012:105.

③ [印]萨拉·萨卡. 生态社会主义还是生态资本主义[M]. 张淑兰,译. 济南:山东大学出版社,2012:112.

第四章　西方生态社会主义对苏联社会主义模式的生态批判

过能量平衡的夸大宣传刺激太阳能领域的持续发展，沃夫冈·帕尔兹和亨利·兹贝塔在他们的论文中宣称，在欧洲，光电平均能源偿还时间在1.2—2.1年之间。1995年，克里斯蒂安·弗雷德尔和阿尔弗雷德·克柏林在深入调查德国光电能源偿还时间的基础上得出了相对一致的结论，光电模块的能源偿还时间在9～10年。然而，对于这些能源偿还时间的算法和结论仍有很多学者质疑，菲利普·威尔特认为："要计算出花费在生产一件特殊商品上的能源数量，非常困难。"[①]因为计算的过程中涉及的数据和内容非常广泛，除了基本的不可再生资源成本的投入外，工资、租金、利息等成本都应该计算进去，这是一个庞大的计算体系，不能简单估量，而这种算法也使得能源偿还时间毫无疑问地延长了。太阳能和风能资源十分丰富的地方使用太阳发电和风能发电的成本与依靠传统方式发电的成本相差无几，可以选择太阳能和风能发电替代，辐射到最广大地区。总而言之，太阳能和风能发电能够取代传统发电，进而能够成为新的全球能源经济的基石，尚需等待。也许有一天会实现，却绝不是现在。

水力发电通常被人看来是操作简单、廉价、能量转化度高的方式，马哈穆德提醒沉浸于水力发电美好梦境中的人们不要用简单逻辑去思考水力发电的过程，不能认为有水源就能够建造水坝，不能认为有了水坝就一定会产生源源不断的电。尚且不说不是所有的地方都适合水力发电，水库与太阳能电站一样，都有使用周期，只不过水库的使用周期取决于淤泥淤积的速度和程度。萨卡列举了哥伦比亚的安奇卡亚水库、巴基斯坦的塔贝拉大坝、印度的尼扎姆萨加大坝等都难逃淤泥充塞的命运，只是或快或慢、或早或晚的问题。问题存在就会有人提出解决问题的办法，大部分人的想法，要么是修建一个新的水坝，要么用河水充盈、疏浚水库，可成本都过于高昂。对此，皮尔斯清醒地指出，"如果想要水力发电真正是可再生的，那它就几乎不可能是便宜的。如果是便宜的，那就不是可再生的"[②]。

---

① [印]萨拉·萨卡.生态社会主义还是生态资本主义[M].张淑兰，译.济南：山东大学出版社，2012：108-109.
② [印]萨拉·萨卡.生态社会主义还是生态资本主义[M].张淑兰，译.济南：山东大学出版社，2012：118.

相较于太阳能、水能，风力发电的成本较低，并且早已在工业社会中应用开来，即便是这样，在成本还是使用的便利性上仍没有矿物燃料来的便宜和便利。可再生资源不只有太阳能、风能、水能，生物燃料也是被寄予厚望的可再生资源，包括玉米、油菜籽等都被称作是生物燃料作物。生物燃料使用的可行性与太阳能的利用如出一辙，我们仍然不能不思考生物燃料的能量平衡问题、成本问题、生物燃料作物种植对粮食安全的威胁等问题。作为生物燃料的作物本身不存在污染，但在种植和使用的过程中就一定存在隐忧。一是为保证生物燃料作物的产量需要使用大量化肥和杀虫剂，这些物质的副作用不可小觑；二是作物生长和燃烧过程中会产生大量二氧化碳，影响气候；三是将作物转化为燃料的过程中产生的废水、废渣也同样会造成污染；四是一些作物如桉树在生长过程中会挤压其他植物的生存空间，间接造成了生态问题，这一点往往是最容易被人们忽略的。所以，生物燃料的未来仍是不明确的，目前来看也只是作为不得已之时的替代品而存在。

可再生资源在实际应用上产生的一系列问题，尤其是过高的使用成本，给人一种"只能远观而不能亵玩"之感。所以，学者们将视线再次投到不可再生资源的再循环利用上，希望利用好垃圾堆里的"宝贵资源"。安德烈·高兹就曾设想通过"软技术"实现全部原材料的再循环和再利用。什么是"软技术"，在高兹看来，科学技术可以分为两类，一类是"硬技术"，这类技术是在经济理性支配下的，如核技术等；另一类就是在生态理性支配下的"软技术"，是一种"温和的技术"和"后工业的技术"。高兹主张以"软技术"取代"硬技术"，以充分发挥"软技术"的优势，最主要的优势体现在保护自然环境和生态平衡方面，实现可再生能源的有效利用和不可再生资源的循环利用。

理性的预期总是充满着合理化的意蕴，可现实却是不可再生资源的再循环也不是无限的，它也存在极限。1976年，北大西洋公约组织科学委员会学习小组的报告指出："就大量的金属种类来说，它们的利用方式足以使任何形式的再循环不成问题……当然，在两个极端的中间，还有很多利用方式，使得再循环既不可能也非常困难，以至于当前，通常出于经济的考虑，人们不

第四章　西方生态社会主义对苏联社会主义模式的生态批判

再循环利用它们了。"[1]报告中还列举了具体数据，表明任何金属包括循环再利用都是有"生命周期"的，即使不断地进入再循环，也有被消耗尽的一天，一些固定数量的金属经过10年的循环使用周期后可利用的仅剩0.1％。这是资源再循环利用极限展现的其中一个方面，另一个方面则聚焦在再循环的成本上，"在经济过程开始的时候，被集中的原料会耗散，且与其他原料混合"，这一经济过程与资源再循环属于两个过程，资源再循环利用则需要"再次分离和集聚它们，需要花费能源、劳动力和原料"[2]。所以，再循环利用的成本也会使得再循环遭遇极限。

当不可再生资源和可再生资源都面临着极限时，一些学者便表示，人们只能寄希望于实现生活的"非物质化"，即最大程度降低"每单位服务的物质强度"，然而，这只是停留于理论层面的想象。事实上，每单位服务的物质强度的降低只是相对的，只是将人们经常关注的资源消耗的焦点转移了而已。对此，萨卡以大众曾研发的一款高效能源汽车为例，这款高效能源汽车以相较于普通汽车的低耗油量为卖点，100公里只消耗3公升的汽油引发了广泛的关注，这背后的省油原理在于减轻汽车的重量从而减轻油耗。这款汽车是如何减轻重量的呢？奥秘就在使用的车身材料上，即使用铝和镁取代钢实现减轻车身重量的目标。但是，铝和镁这两种材料的生产所消耗的能源远远比钢材生产多得多。

"办法总比困难多"，这是对经济增长和资源极限的紧张关系持乐观主义态度人的观点，这些乐观主义者继"每单位服务的物质强度降低"的提议被质疑后，又提出"经济增长"与"资源消耗"可以脱离的想法。"经济增长"与"资源消耗"相脱离的提出建立于信息技术的发展和"后工业主义时代"的来临之上，他们认为信息的传输、出售服务等作为后工业时代的鲜明特色，是脱离了资源消耗的。布伦特兰报告《我们共同的未来》给这些盲目的、天真的乐观主义者泼了一盆冷水。报告认为，物质的利用是进行信息处理和出售服务的重要

---

[1] Dennis Ouborouh. Beyond the Age of Waste[M]. New York, Pergamon Press, 1978: 144-145.

[2] [印]萨拉·萨卡. 生态社会主义还是生态资本主义[M]. 张淑兰, 译. 济南: 山东大学出版社, 2012: 120.

前提，再发达的工业经济，即使是后工业时代，也需要生产，只要生产，就必然依赖资源、能源。以信息通信技术的飞速发展为例，人们以为信息通信技术的发展使得一台小小的计算机能够成为连接人与世界的桥梁，人们足不出户就可以完成远程信息处理。实际上，计算机等体型较小的电子产品生产需要的资源十分庞杂，而且常常需要形成几种物质的混合物，回收利用变得很困难，也很昂贵。物质的消耗并没有伴随着信息技术的发展而减少，反而生产出了时代的产物——难以回收利用的电子垃圾。所以，"经济增长"与"资源消耗"相脱离的种种解决方案行不通。

二是粮食生产的增长极限。萨卡认为，苏联粮食生产的增长极限一方面是地质条件的局限性导致的绝对紧缺，另一方面是苏联出于政治目导致粮食的相对紧缺。苏联地质条件的局限性是有目共睹的，苏联只有大约10％的土地可以耕种，且在这10％的可耕地中只有少部分土地肥沃，大部分土壤贫瘠，甚至不适宜用作永久农耕地。由于气候因素，苏联人口集中的西部地区干旱少雨，80％的人口仅能得到18％的降水。苏联平均温差波动很大，同时饱受干旱和霜冻灾害导致农业的生长期较短。[①] 除了耕地少外，苏联可用于所有农业部门（包括畜牧业、果业，等等）的土地只占全国领土的27％左右。苏联曾认为"地质的局限性可以在一定程度上通过像灌溉和排水之类的水利工程项目以及化学肥料来克服"[②]，可效果并没有达到预期。苏联发展水利项目的目的是方便农业灌溉，以解决干旱问题，但是，解决问题的底线应遵循自然规律和社会发展规律，水利项目实施过程中迫使河水改道的行为正是违背了自然规律。"天然河道是在一定历史时期内，经由内外地质动力综合作用的结果，河道生态系统在空间上包括干流及各级支流、湖泊和水库等，是一个复杂系统。人为改变河道的自然状态，破坏了河道的供给功能、调节功能、支持功能，影响了水生态系统的稳定，必然造成生态破坏。"[③]咸海和里海都在萎缩……苏联地理学者曾对咸海水量萎缩发出警示，认为这将强化这一地区的大

[①] [印]萨拉·萨卡. 生态社会主义还是生态资本主义[M]. 张淑兰，译. 济南：山东大学出版社，2012：32-33.
[②] [印]萨拉·萨卡. 生态社会主义还是生态资本主义[M]. 张淑兰，译. 济南：山东大学出版社，2012：33.
[③] 徐志侠. 河道与湖泊生态需水研究[D]. 南京：河海大学，2004：18-19.

第四章 西方生态社会主义对苏联社会主义模式的生态批判

陆性气候,有限的耕地将会随之缩减,有限的粮食产量也不可避免地因为恶劣的气候而减产。虽然不排除地理条件变化和降水量的影响,最主要的原因还是在于破坏了河道的生态系统的平衡。不科学的灌溉导致肥沃土壤流失,某些灌溉区遭受水涝灾害,变成沼泽地,造成减产;以蚊子幼虫为食的鱼类的消失导致蚊子失去了天敌,蚊子大量繁殖导致"疟疾"再次出现,使得这里不再适宜人类久居……

总而言之,苏联通过河流转向以满足农业发展的各种方案都难以实现其无限增长的目标和长远发展。短期增长的收益并不足以抵消水利项目的成本,巨额的成本投入让苏联的财政计划吃不消;人为调整河流走向营造的人工生态系统对自然生态系统的破坏更是无法估量,最终对苏联的农业造成灾难性的影响。① 苏联还尝试通过施用化肥提高作物产量,事实上,无论施肥量多少,最终只有40%的化学肥料能够被植物吸收,那么剩余60%的化学肥料流向了哪里?萨卡看来,化学肥料的浪费是其次的,最重要的是造成了河水污染。据有关数据显示,20世纪70年代,亚速海的捕鱼量相较20世纪40年代大大减少,根源就在于污染的河水作为支流汇入海中,导致海中的鱼类生物遭受污染、渔业受到重创。②

在萨卡看来,作为社会主义国家的苏联应该清醒地意识到经济增长必然带来的生态后果。马克思、恩格斯在19世纪对资本主义进行生态批判时,就已经向人类敲响了生态警钟。然而苏联没有认识到增长极限和生态恶化问题,使得苏联在经济建设中付出了昂贵的生态代价。正如恩格斯在《自然辩证法》中列举美索不达米亚、希腊、小亚细亚等地居民破坏生态环境带来恶果的例子时对世人发出的警示:"但是我们不要过分陶醉于我们人类对自然界的胜利。对于每一次这样的胜利,自然界都对我们进行报复。"③苏联开发新的耕地,反而造成了水土流失、尘沙四起;苏联利用技术手段研发水利项目促进灌溉,反而造成了河海干涸,水涝频发;苏联利用化学肥料提高粮食产量,

---

① [印]萨拉·萨卡. 生态社会主义还是生态资本主义[M]. 张淑兰,译. 济南:山东大学出版社,2012:35.
② [印]萨拉·萨卡. 生态社会主义还是生态资本主义[M]. 张淑兰,译. 济南:山东大学出版社,2012:34.
③ 马克思恩格斯选集(第3卷)[M]. 北京:人民出版社,2012:998.

反而污染了水源……种种现实让我们看到苏联对粮食增产的渴望反而造成了粮食减产的后果。

苏联真的这么缺粮食吗？苏联真的有必要采用以上所提及的自毁前程的方式增加粮食产量吗？实际不然！1917 年以前的俄国是重要粮食出口国，尽管在实行农业集体化的过程中造成了一段时期的饥荒，但是从 20 世纪 50 年代中期开始，即使苏联人口大规模增长，苏联的农业也能够满足人民的基本生活需求，显然，苏联并没有饥荒的长久威胁。既然如此，苏联为什么还要从西方进口大量的肉奶产品呢？萨卡认为苏联这样做是为了擦亮"共产主义的意识形态招牌"，完成领导人曾经许诺的"菜炖牛肉的共产主义"。莫罕达斯·卡拉姆昌德·甘地曾批判地指明了人类的贪婪是造成地球资源紧张的重要原因："地球的供应足以满足每一个人的需求，却无法满足每一个人的贪婪。"[①]苏联政府和苏联人民的贪婪造成了对肉与奶制品的需求量逐年攀升，"1985 年，预期的每人年均肉奶产品需求量分别是 62 公斤和 325 公斤，1990 年预期分别达到 70 公斤和 340 公斤。"[②]苏联和苏联人民对于超出基本生活需求的粮食的渴望导致苏联境内以肉和奶为代表的粮食相对短缺。苏联政府为满足人民的更高需求而采取的农业领域的解决方案更像是搬起石头砸自己的脚，反而造成了农业成本提升、环境破坏、农业减产，形成恶性循环。

三是人口增长极限。萨卡认为，粮食增长与人口增长关系密切。为了满足不断增长的人口需求，必须要加大粮食生产，由此造成粮食增长极限与生态恶化。萨卡强调："任何一位优秀的生态学家都知道，如果想不打乱脆弱的生态平衡，生活在某一生物圈里的物种都必须维持在一定的限度之内。"[③]"人作为生物圈中的重要一员也同样需要保持在适度限度之内，要控制人口增长。"[④]所以，萨卡转换了矛盾解决的思路，认为与其为难粮食增长，不如努力

[①] [印]萨拉·萨卡. 生态社会主义还是生态资本主义[M]. 张淑兰，译. 济南：山东大学出版社，2012：133.

[②] [印]萨拉·萨卡. 生态社会主义还是生态资本主义[M]. 张淑兰，译. 济南：山东大学出版社，2012：32.

[③] [印]萨拉·萨卡. 生态社会主义还是生态资本主义[M]. 张淑兰，译. 济南：山东大学出版社，2012：134.

[④] [印]萨拉·萨卡. 生态社会主义还是生态资本主义[M]. 张淑兰，译. 济南：山东大学出版社，2012：134.

第四章　西方生态社会主义对苏联社会主义模式的生态批判

停止人口增长。

萨卡受到马尔萨斯人口理论的启发，充分肯定了马尔萨斯对人口问题的关注。人口问题本就是一个客观存在的现实问题，对于任何一个国家而言人口问题都至关重要，必须要像马尔萨斯一样把人口问题当作一个重要的问题进行分析。马尔萨斯的代表作就是《人口原理》，在此部著作中，马尔萨斯提出了两条公理（或法则），"第一是食物为人类生存所必须，第二是两性间的情欲是必然的，而且几乎会保持现状。"[①] 在他看来，"这两条法则，自从我们对人类有所了解以来，似乎一直是有关人类本性的固定法则。"[②] 第一条法则关乎粮食问题，第二条法谈到的则是人类的两性繁衍，实际就是人口问题。在马尔萨斯看来，地球上的人类必然需要依赖食物而生存，设想这一问题不成立的说法到现在还没出现，并且两性间的情欲历经世事变化仍然一如既往的强烈，"人口若不受到抑制，便会以几何比率增加，而生活资料却仅仅以算术比率增加"[③]，所以，"人口的增殖力无限大于土地为人类生产生活资料的能力"成为必然趋势，食物和人口增长比率的不平衡导致了"要使全体生活成员都过上快活悠闲的幸福生活，不为自己和家人的生活担忧，那是无论如何不可能的。"[④]

马尔萨斯认为，粮食的增产和人口的增加都不是随心所欲的，在大自然中的一切生物都受制于自然法则，大自然能够为生物们提供的空间和营养是有限的，植物和动物抑或人类超出大自然能够承担的限度时就会出现植物种子不发芽，动物受到病害甚至夭折，人类则会遭受苦难和罪恶。马尔萨斯不仅从理论上推导结论，而且擅于从实证分析中进行推演。马尔萨斯列举了法国、德国北部、波兰、瑞典、克罗地亚、阿根廷、墨西哥等国家 1 粒麦种能收获的小麦的数量。在一般地区 1 粒麦种能收获五六粒小麦，在土壤肥沃的一些地区则能收获 10 粒以上的小麦，在赤道附近的温暖地区则直接提升了小麦产量，1 粒麦种能收获 24 粒小麦。但是，1 粒麦种能收获 24 粒小麦的情况

---

① ［英］马尔萨斯. 人口原理[M]. 朱泱，胡企林，朱和中译. 北京：商务印书馆，1992：6.
② ［英］马尔萨斯. 人口原理[M]. 朱泱，胡企林，朱和中译. 北京：商务印书馆，1992：6-7.
③ ［英］马尔萨斯. 人口原理[M]. 朱泱，胡企林，朱和中译. 北京：商务印书馆，1992：8.
④ ［英］马尔萨斯. 人口原理[M]. 朱泱，胡企林，朱和中译. 北京：商务印书馆，1992：7.

毕竟在少数，普通国家一般肥力的土地能够给予的营养够 1 粒小麦产出 6 粒左右的小麦。① 假设小麦也像人类一样以几何级数增长，动物以绵羊为例也按几何级数增长的话，那么动植物的增长率是极高的。但是，理想化的小麦增长率是必然要被现实击碎的，"一是人类将缺乏自然意志来做出努力使食物增长超过可能的消费量，一是经过一段时间以后，人类会没有能力预备好相同质量的土地以使同一增长率能保持下去。"②

马尔萨斯又以人口自然增长率最高的美国为例分析了人口按几何级数增长的情况。马尔萨斯以当时美国已经进行过的四次人口普查数据为依据，考虑到在健康状况和发展速度方面情况各有不同的美国广大地区的综合情况、各种抑制人口增长的因素及与其他国家人口增长率的比较和平衡，最终得出相对合理的结论。马尔萨斯认为，"当人口不为获得生产资料的困难或引起早逝的其它特殊原因所抑制时，能使人口在 25 年内翻一番的、代表实际自然增长的、假设的人口增长率无疑就是实实在在的增长率"③当然这只是以美国等一些人口增长环境较好的国家人口变化情况的推演，即使在美国也存在人口增长过程的波动，所以这是从最终的增长结果而得到的每 25 年人口总数翻一番的结论。

问题的关键在于在自然法则下，植物的增长不会一直高亢，随着土地肥力的变化，必然导致植物增长率的停滞不前甚至下降。当然，地球上的确存在地广人稀的地方，可以有效解决粮食问题和人口问题的矛盾，可对这些人烟稀少的地方进行改造却需要大量时间和精力，一些发达国家想要移民到这些地方也必然会导致战争和破坏。所以，当人口按照理想化的增长速度进行增长时，"要是在我们地球这样有限的土地上目前所能达到的养活人类所必需的粮食的最大限度增长至多也只能每 25 年增加相当于目前的产量，那么，很明显，必须有一种强有力的抑制人口增长的因素经常起作用"④。

这部著作从出版以来就引发了众多争议，左翼、女性主义及第三世界的

---

① [英]马尔萨斯. 人口原理[M]. 朱泱, 胡企林, 朱和中, 译. 北京：商务印书馆, 1992：153.
② [英]马尔萨斯. 人口原理[M]. 朱泱, 胡企林, 朱和中, 译. 北京：商务印书馆, 1992：154.
③ [英]马尔萨斯. 人口原理[M]. 朱泱, 胡企林, 朱和中, 译. 北京：商务印书馆, 1992：168.
④ [英]马尔萨斯. 人口原理[M]. 朱泱, 胡企林, 朱和中译. 北京：商务印书馆, 1992：171.

第四章　西方生态社会主义对苏联社会主义模式的生态批判

NGO等，都在不同程度上反对了马尔萨斯关于控制人口的政策，其中以左翼的批判最为激烈。对此，萨卡认为，有些批判是无可辩驳的，有些批判则需要斟酌。恩格斯在《国民经济学批判大纲》中对马尔萨斯人口理论的局限性进行了多维批判，认为马尔萨斯的人口理论只有在资本主义社会里才能成立，萨卡认为这的确是无可辩驳的事情。然而，萨卡对恩格斯和列宁关于马尔萨斯"食物为人类生存所必需的"法则的反驳并不认可，萨卡认为恩格斯和列宁所抱以期待的科学与技术进步显然没有改变粮食生产的边际利润递减法则。化学肥料伴随科学与技术发展而生，人们为了提高土地产能，对化学肥料的功效寄予厚望，可事实却大相径庭。莱斯特·布朗提供的数据表明，从1950年到1984年，每多使用1吨化学肥料所增加的谷物产量只有9吨，而这一比率在1984年后变得更低。所以，萨卡认为，科学与技术进步也难以阻挡粮食生产的边际利润递减法则的生效。除第一条理论的争论外，马尔萨斯第二条理论也有相应的反对者，这些反对者只看到了工业社会人口增长乏力的结果，而忽略了各种避孕措施齐上阵的现实，如果没有避孕措施的限制，一对健康夫妇在30年里能够至少生育10个孩子。[①] 当然，科学与技术的研究在世界上仍在继续，人们寄希望于科学与技术的突破无可厚非，可是莱斯特·布朗的研究报告却反映出主流科学家们对这些问题的看法，他们普遍对这些领域的深度突破几乎不抱希望，那些夸张甚至是疯狂的幻想，只能湮没在自然法则影响下的现实中。

　　人口增长带来的危机已经到了什么程度？恐怕对这个问题的认识并没有像一些积极的人口控制政策的反对者想象的那么乐观。他们认为"发展是最好的避孕"，然而作为目前世界上最富有的国家之一的沙特阿拉伯却没有在经济的大繁荣下实现出生率的有效控制；他们还认为，遵循自然发展规律，以地球所固有的最大负载能力为基础，适当地使用化肥和农药等方式足以满足人们对粮食的需求，且"一般认为，世界人口会在2050—2100年间的某一点达

[①] [印]萨拉·萨卡. 生态社会主义还是生态资本主义[M]. 张淑兰, 译. 济南：山东大学出版社, 2012：135.

到稳定值，大约110~140亿"①。所以，他们认为，无论从空间还是从时间维度上来看都无须因为人口增长而恐慌，世界粮食是充足的，只要解决合理分配的问题就可以。可是，萨卡对此提出了一系列的疑问，不缺少粮食的国家的人民会更加努力生产更多粮食来满足第三世界国家的粮食需求吗？即使能够生产出足够的剩余粮食，第三世界国家负担得起昂贵的粮食吗？寄希望于既遵循自然规律又能生产更多的粮食本身存在悖论，在保护环境基础上的适度化肥和农药的使用无法提高有限土地产量达到满足第三世界国家巨大的粮食需求的程度；在林地与耕地之间的选择中，人类也无法为了自己扩大耕地的利益去破坏林地；第三世界国家工业发展与农业发展的不协调导致工业用地抢占了大量的农业用地需求。耕地肥力不够与有限可耕地数量共同造成了第三世界国家粮食供应紧张。

人类生存和发展既受到自然法则的约束，也取决于人类的自我约束。人口继续增长带来的社会、生态问题，如果不用人类自己的方式积极地预防和解决，那么自然法则必然要"通过饥饿、内战、社会动乱、疾病、传染病"②的方式去解决，相信人类并不希望遭遇这些苦难。因此，在萨卡看来，有效的而又积极的人口控制政策是必须和必要的。

粗放型的经济增长模式带来的增长极限和生态恶化使我们对资源、环境、人类生存和发展的关系有了更加清醒的认知。与粗放型的经济增长模式相对的就是可持续发展，可持续发展要实现的最终目标不局限于经济的可持续，而是要实现可持续的社会。经济的可持续只是可持续社会的总目标中的重要一项，除了经济的可持续之外，还包括四个方面的具体目标："严重的贫困必须得到克服/预防；所有有劳动能力的人都必须得到有意义的工作；必须为那些不能工作的年老体弱病患者提供社会保障；必须保证社会政治的平等并把经济的不平等降低到可以容忍的程度。"③

---

① [印]萨拉·萨卡. 生态社会主义还是生态资本主义[M]. 张淑兰, 译. 济南：山东大学出版社，2012：137.
② [印]萨拉·萨卡. 生态社会主义还是生态资本主义[M]. 张淑兰, 译. 济南：山东大学出版社，2012：139.
③ [印]萨拉·萨卡. 生态社会主义还是生态资本主义[M]. 张淑兰, 译. 济南：山东大学出版社，2012：143.

第四章 西方生态社会主义对苏联社会主义模式的生态批判

第四节 新阶级的产生与苏联社会的道德沦丧

生态恶化是西方生态社会主义者对苏联社会主义模式失败根源的论断，而苏联政治制度和经济模式被普遍认为是导致苏联生态恶化的直接原因，但却很少有人去探讨苏联之所以形成高度集中的政治制度和经济模式的深层根源，这个深层次的根源是什么？萨卡抛开西方生态社会主义者对苏联政治、经济展开表层分析的固有逻辑，透视苏联政治、经济运行的背后的意识根源，将"道德沦丧""公地的悲剧""生态恶化"统筹思考。萨卡在其著作《生态社会主义还是生态资本主义》中总结得出苏联社会主义模式失败两个方面的原因，一是增长极限和生态恶化，二是新阶级的产生和社会的道德沦丧。我们在第三节中运用很大篇幅阐述了萨卡所分析的第一个层面的原因，本节将重点落在生态"道德沦丧"上。

一、苏联社会的道德沦丧

亚里士多德认为城邦的目的是善，用政治学解释"善"就是道德规范。亚里士多德认为和谐的政治生活的前提是道德生活，这里如果进一步延伸可知，和谐的经济生活的前提也是道德生活。马克思和恩格斯之所以对资本主义展开批判，也是首先看到了资本主义的贪婪、残暴。马克思、恩格斯对资本主义的不满，首先是道德层面的不满，而后建立唯物史观，进而展开剩余价值生产的分析。"国无德不兴，人无德不立""百行德为首，百业德为先"，中华民族历来讲究"道德当身，不以物惑"。"德"自古以来就是兴国、立人的核心要义。唐代魏徵在《谏太宗十思疏》中说道："求木之长者，必固其根本；欲流之远者，必浚其泉源；思国之安者，必积其德义。"[①]为了纪念抗日战争中积极帮助中国抗战却不幸牺牲的加拿大医生白求恩，毛泽东于1939年12月21日为纪念白求恩写下了一篇文章——《纪念白求恩》。文中深切悼念白求恩并要

[①] 吴兢. 贞观政要(第2卷)[M]. 上海：上海古籍出版社，1978：71.

求全党同志要像白求恩一样,做"一个高尚的人,一个纯粹的人,一个有道德的人,一个脱离了低级趣味的人,一个有益于人民的人"①。

古今中外对"德"的认知是一致的。一个国家无论是政府官员还是普通百姓,不遵守道德规范、腐败堕落,这个国家就不可避免地会走向失败。一个国家政府腐败和经济停滞的重要原因就在于政府官员的道德沦丧并向全社会扩散,历史上任何一个国家的革命、政权的更迭都逃脱不了这条铁律。这也是法国历史学家、政治家、社会学家阿历克西·德·托克维尔在《旧制度与大革命》中对大革命产生原因的分析。托克维尔分析了法国大革命爆发前三四十年左右君主制政府进行权力寻租以满足日益扩大的财政开支的现象,"政府变得更加活跃,发起过去连想都不曾想的各种事业,终于成为工业产品的最大消费者,成为王国内各项工程的最大承包人"②。托克维尔形象地概述了当时法国政府与人民之间的矛盾关系,并指出正是这种矛盾关系使得法国政府走向毁灭,"一场浩劫怎能避免呢?一方面是一个民族,其中发财欲望每日每时都在膨胀;另一方面是一个政府,它不断刺激这种新热情,又不断从中作梗,点燃了它又把它扑灭,就这样从两方面推促自己的毁灭"③。这种从政府开始的道德的沦丧"摧毁了社会公平、正义赖以存在的平等、自由的政治制度,摧毁了政治阶级、政治生活和市民生活"④。当人们开始意识到道德沦丧给他们带来的不平等、不自由,甚至人的尊严都被践踏的时候,就会出现"统治阶级不能照旧统治下去,被统治阶级不能照旧生活下去"的局面,革命就会爆发。托克维尔充分证明了法国大革命发生的必然性,也"唯有法国大革命才能扫除流弊,解放人民"⑤。

罗马帝国覆灭的原因也经历了百般探讨,其根源仍在于内部。共和国末

---

① 毛泽东选集(第2卷)[M]. 北京:人民出版社,1991:660.
② [法]阿历克西·德·托克维尔. 旧制度与大革命[M]. 冯棠,译. 北京:商务印书馆,2013:217.
③ [法]阿历克西·德·托克维尔. 旧制度与大革命[M]. 冯棠,译. 北京:商务印书馆,2013:218.
④ 黄军甫. 苏联的解体是从道德沦丧开始的[J]. 江西师范大学学报(哲学社会科学版),2012,45(02):22.
⑤ [法]阿历克西·德·托克维尔. 旧制度与大革命[M]. 冯棠,译. 北京:商务印书馆,2013:11.

第四章　西方生态社会主义对苏联社会主义模式的生态批判

期罗马政治腐败，卖官鬻爵的现象屡见不鲜，权钱交易愈演愈烈，罗马帝国甚至为此频繁出台法律。从公元前358年颁布第一部反贿赂法开始一直到公元前52年，罗马相继出台致力于反贿赂的《科尔内利法》《卡尔波尼法》《图里亚法》《李锡尼法》和《庞培法》。①然而，这些法律的出台显然没有起到应有的作用，官职成为商品，官场成为官职买卖的市场，即便被认为是共和政治的中坚力量和社会道德楷模的元老院也开始通过职权牟利。社会风气变坏，罗马人曾认为的公共生活所拥有的快乐在整个罗马帝国物欲横流的冲击下变得不再是最高尚和最伟大的。罗马公民安于清贫、忠诚于国的高贵品质被冲垮，取而代之的是罔顾社会道德、家庭道德、职业道德的享受和挥霍。与其追求华而不实的"道德"和"正义"不如"及时行乐"，成为罗马人在帝制时期普遍认同的价值观。"贵族耽于享乐，整天无所事事，关心的是选票，至于国家的发展、帝国的命运根本不予理睬。平民则醉生梦死，整天沉溺于'面包加竞技'之中。"②罗马帝国从上而下的混乱秩序与道德沦丧互为因果，最终导致罗马帝国的覆灭。

　　在萨卡看来，生态道德沦丧是苏联社会主义模式失败的首要原因。1936年11月25日，在全苏苏维埃第八次（非常）代表大会上，斯大林作了《关于苏联宪法草案》的报告。在这份报告中，斯大林总结了苏联1924—1936年间发生的巨大变化，明确宣布苏联的"地主阶级已经因国内战争胜利结束而完全消灭了。其他剥削阶级也遭到了与地主阶级同样的命运。在工业方面已经没有资本家阶级了。在农业方面已经没有富农阶级了。在商品流转方面已经没有商人和投机者了。因而，所有的剥削阶级都消灭了。剩下了工人阶级。剩下了农民阶级。剩下了知识分子"③。但是"仅有经济国有化或集体化并不足以建设'社会主义'社会"④。落后国家建设社会主义需要"新人"，需要创造出"一种

---

① 施治生，郭方. 古代民主与共和制度[M]. 北京：中国社会科学出版社，1998：270.
② 杨俊明. 道德沦丧与罗马帝国的衰亡[J]. 史学理论研究，2013(04)：75.
③ 斯大林文集(1934—1952年)[M]. 北京：人民出版社，1985：103.
④ [印]萨拉·萨卡. 生态社会主义还是生态资本主义[M]. 张淑兰，译. 济南：山东大学出版社，2012：58.

新的道德秩序和大规模创造和转变出新的男人和女人"①。"新人"是建设"社会主义"社会的必然结果和前提条件，它具备许多宝贵的品质：无限忠诚、强于实践、能够放下个人私利并代表大众的利益……这些品质也是共产主义基本道德准则的要求。在社会主义体制的早期，群众工作的热情持续高涨，无论是困难任务、紧急任务还是额外的加班，广大的群众都能够以创造的热情顺利完成，那时的他们是充满活力的，连那些"曾经不识字的农民都变成了农场科学家、业余演员、跳伞员、飞行员"②。"新人"的培育是社会主义国家彻底消除特权的必经之路，可在苏联却没有成为现实。

德国社会民主党领导人考茨基提出了"新阶级"的概念，用以代指特权、不平等和专制的新系统，达吉拉斯则明确说明他所说的"新阶级"是由"那些因掌握行政垄断权而享有特殊权力和经济特权的人组成的"③。社会主义社会的理想是创造为众人服务的"新人"，可现实却是产生了剥削人的"新阶级"。"新阶级"在苏联是否存在？社会主义苏联是否已经变成阶级社会？这些问题引发了广泛讨论。斯兹曼斯基、托洛茨基、佐勒斯·梅德维蒂夫等人对此持否定态度，他们虽然论据各异，但是，最主要的还是围绕苏联是否存在政治权力的世袭展开论证。之所以对这个问题如此关注，在佐勒斯·梅德维蒂夫看来，能称为"阶级"的，阶级地位必须是有保障的，"阶级"才能持久、稳定，就像旧贵族，他们的社会地位就是通过世袭继承保障的。苏联社会则不同，每一个人的社会地位和特权都不能传给下一代。斯兹曼斯基认为，虽然苏联已经明显地呈现出一个截然不同的社会阶层的发展趋势，但明确地形成拥有与众不同生活方式、排斥性的内婚模式、明确的职位世袭的社会阶级的趋势非常微弱。④ 斯兹曼斯基认为，苏联出现的明显的向上的社会流动容易让人引发联

---

① [印]萨拉·萨卡. 生态社会主义还是生态资本主义[M]. 张淑兰，译. 济南：山东大学出版社，2012：87.
② [印]萨拉·萨卡. 生态社会主义还是生态资本主义[M]. 张淑兰，译. 济南：山东大学出版社，2012：73.
③ [印]萨拉·萨卡. 生态社会主义还是生态资本主义[M]. 张淑兰，译. 济南：山东大学出版社，2012：70.
④ [印]萨拉·萨卡. 生态社会主义还是生态资本主义[M]. 张淑兰，译. 济南：山东大学出版社，2012：63.

第四章 西方生态社会主义对苏联社会主义模式的生态批判

想,但是,这是国家教育机会平等所带来的最好的结果,是在政治领域取得的。斯兹曼斯基列举了1966年苏共中央委员会成员的出身情况,其中"36%的人的父母属于体力劳动阶层,47%的人的父母是农民,只有16%的人的父母为非体力劳动者。"①托洛茨基也依据苏联生产方式和苏联统治官僚并非从上一代传到下一代的特点基本判定,苏联还是一个"社会主义的"国家,苏联的统治官僚尚未达到阶级程度,只是一个阶层而已。

萨卡认为,通过"工资的支付形式、工人与管理者的关系"②所展现出的工人阶级的社会地位,应该是判断一个社会是不是阶级社会的重要考察范畴。工资的支付形式方面,计件工资制和计时工资制都是常见的工资支付形式,为了提高劳动生产率,俄罗斯工会宣布在1918年开始实施计件工资。到20世纪30年代后期,大部分工人的工资以计件工资制度的各种变化形式予以支付,计件工资虽然解决了工厂招募工人或留住工人的目的,然而却造成工人阶级间收入和态度的分裂,罢工现象频繁发生。列宁认为,工人还没有成熟到足以自治和自我管理的程度,工人管理的组织化十分重要。因此,工人从一开始由工厂委员会自行管理,到工厂委员会归属工会、由工会统一管理,再到工会隶属于国家、由国家采取措施来提高工农的自律性与纪律性,再到国家赋权给企业的管理者进行管理。萨卡认为,"企业的管理者被赋予了几乎是独裁的权力"③,工人参与决策的空间非常小,不可避免地会形成企业管理者即官僚的行政集权,这就为新阶级及其特权的产生奠定了基础。

前文中,我们分析了斯兹曼斯基认为统治精英很难成为一个新的阶级的几个方面的原因,其中有一条认为于大多数统治精英的出身都很普通,很大一部分来源于工人阶级。难道这样就可以实现"社会主义"国家和工人阶级继续掌握政权吗?布尔什维克理论家布哈林认为,"即使出身无产阶级,即使拥

---

① [印]萨拉·萨卡. 生态社会主义还是生态资本主义[M]. 张淑兰,译. 济南:山东大学出版社,2012:63.
② [印]萨拉·萨卡. 生态社会主义还是生态资本主义[M]. 张淑兰,译. 济南:山东大学出版社,2012:64.
③ [印]萨拉·萨卡. 生态社会主义还是生态资本主义[M]. 张淑兰,译. 济南:山东大学出版社,2012:66.

有最粗糙的手……也无法保证不会变成一个新的阶级"①。萨卡受到布哈林的启发辩证地指出:"社会流动的上升性并不一定意味着那些上升到较高阶级或阶层的人仍然保持着并代表他们出身的那个阶级或者阶层的利益。"②

　　萨卡认为,以斯兹曼斯基为代表的那些否定苏联存在新阶级的人或许是钻了社会学对阶级界定的空子,也或许是特权精英们的确没有满足社会学对阶级进行界定的必备条件。尤其是斯兹曼斯基用来作为衡量指标的数据均是名义上的或官方公布和允许的,缺乏论证的客观性。以这些特权阶层的收入的情况为例,官方承认的收入和实际收入有明显不同,各种形式的福利津贴被计入特权阶层的收入当中,而对这些福利进行量化是没有一定的标准的,供需情况左右着特权阶层获得的福利的实际价值,所以,他们的实际收入很难量化统计。除了难以量化统计外,实际收入与官方承认的收入的不对等或保密的关键,还在于特权阶层所享受的物质特权显然已经造成了一定的不平等现象,这种现象如果被大众知道,必然会对特权阶层造成"麻烦",而那些认为存在着新阶级的人,却很难获取科学数据来佐证自己的观点。苏联虽然没有像旧贵族一样从制度层面上落实世代沿袭,实际上,享受特权的统治精英的下一代仍然延续着剥削。美国记者海德里克·史密斯在《俄国人》一书里描述了许多新阶级的特权行为,比如"一个塔什干军官竟然无视那些排着长队等待出租车的人群,自己径直上前坐上了出租车……柯西金的女儿卢德米拉与她的全家乘坐火车旅行时,要求火车工作人员把饭食送到她的包间里,尽管铁路规定乘客必须到餐车吃饭;勃列日涅夫的女儿加莉娅强硬地从一家商店里买走一幅本来很早就宣布不予出售的艺术作品……"③像这样的例子还有很多,萨卡认为,"拥有权力和特权的新阶级的形成,成为'社会主义的'苏联

---

① [印]萨拉·萨卡,生态社会主义还是生态资本主义[M].张淑兰,译.济南:山东大学出版社,2012:63.
② [印]萨拉·萨卡.生态社会主义还是生态资本主义[M].张淑兰,译.济南:山东大学出版社,2012:68.
③ [印]萨拉·萨卡.生态社会主义还是生态资本主义[M].张淑兰,译.济南:山东大学出版社,2012:71.

社会道德沦丧的最强有力的证据"①。当然苏联人民对于苏联特权阶层的看法不一,有的人不相信这些是真的,有的人则面对苏联这样的现实表示震惊、失望却又无可奈何,也有些人追寻特权阶层的脚步,希望能够从中分得一杯羹。苏联社会的大多数民众也在特权阶层的影响下开始不顾尊严,逐渐道德退化。民间道德体系的崩溃是最可怕的,"谎言、奴性、告密、行贿受贿、毫无廉耻地追逐财富和社会地位等现象成为一种社会常态。在这种道德氛围下,民众自然成了畸形社会的帮凶,成了阿伦特所说的'平庸的恶'的主体。"②萨卡列举了苏联道德退化的例子:国有汽车司机偷窃汽油、商店里的售货员偷窃食品、学生将低价获得的学生票高价出售、医生收取红包、警察索贿等遍布苏联各个职业和群体,成为苏联社会主义模式走向失败的前奏。

二、公共资源的悲剧

英国的封建主曾在自己的领地中划出一片尚未耕种的土地作为牧场(称为"公地")并无偿开放。这本身是一件好事,可是由于牧场是无偿提供的,所以牧民们毫无节制地不断增加牛羊的数量,使得公地牧场成为不毛之地,牧民的牛羊最终全部饿死,这就是"公地的悲剧"的故事。亚里士多德把"公地的悲剧"产生的根源解释为"凡是属于最多数人的公共事物常常是最少受人照顾的事物,人们关怀着自己的所有,而忽视公共的事物;对于公共的一切,他至多只留心到其中对他个人多少有些相关的事物"③。

1968年,世界著名生态经济学家加勒特·哈丁在《科学》杂志上发表了《公地的悲剧》一文。哈丁认为,公地的悲剧并不应是字面的直白理解,而是一种比喻的概念。"公地"是指非竞争性和非排他性的公共产品,那么什么是"悲剧"?"悲剧"一词并不是"有悲剧性"的常理性认识,哈丁引用哲学家怀特塞德对"悲剧"的理解,认为悲剧的本质不是不快乐,而是蕴藏于万事万物无情运

---

① [印]萨拉·萨卡. 生态社会主义还是生态资本主义[M]. 张淑兰, 译. 济南: 山东大学出版社, 2012: 72.
② 黄军甫. 苏联的解体是从道德沦丧开始的[J]. 江西师范大学学报(哲学社会科学版), 2012, 45(02): 23.
③ 亚里士多德. 政治学[M]. 吴寿彭, 译. 北京: 商务印书馆, 1983: 48.

作的严肃性。公地的悲剧一方面表现为使用过程的低效甚至无效的资源配置状态。当草原没有限制地对外开放时，草原就成为了公地，每一个牧民都试图饲养尽可能多的牛羊以占有更多的公地资源，最终导致草原过载。另一方面则是肆无忌惮地破坏。当人们发现，相较于废物处理，向公地直接排放废物能够节约大量成本时，他们就会变成罔顾自然规律、效益的理性人，他们将肆无忌惮地向自然界排放各种废物。自然界作为一个严密的系统，是在遵循客观规律基础上无情运作的，是严肃的，自然运动不受主观能动性的制约，公地悲剧因此而起。[1]

哈丁在他的文章当中所列举的牧场和牧羊人只是在虚拟环境之下的抽象物，真实存在的公用地是不会允许人随意利用的，它一定会有"不成文的规则和共识"，萨卡把它称作"道德的和环境的秩序，是一种公用地体制"。[2] 苏联作为一个巨型公用地，也存在公用地体制，也拥有一定的法律保障，也存在管理机构，并非放任不管。为什么仍然被人肆意使用以至于产生"公地的悲剧"？萨卡尖锐地指出问题所在，正是"苏联的共产主义者没有创造出一种新的道德秩序，也没有能够大规模地创造和转变出新的男人和女人"[3]。苏联特权阶层和普通的民众的道德沦丧使得"'社会主义'社会的消费欲望和贪婪与资本主义社会里的一般高"[4]，公地的悲剧和生态恶化接踵而来，当苏联普通民众开始认识到社会的道德沦丧，一个真正的灵魂已经死亡了的"社会主义"必然走向失败。

"新阶级"的产生和对社会广泛的影响造成了包括苏联普通民众在内的普遍意义上的"道德沦丧"。与此同时，苏联所有的生产资料都归国家所有，这就使苏联本身成为巨大的公用地。苏联人民对公用地的使用就像哈丁笔下的牧羊人一样，总是在期待着更多。他们肆意抢占资源、向公用地排放污染物，

---

[1] Garrett Hardin. The Tragedy of the Commons[J]. Science, 1968, 162(13): 1243-1248.

[2] [印]萨拉·萨卡. 生态社会主义还是生态资本主义[M]. 张淑兰, 译. 济南：山东大学出版社, 2012: 87.

[3] [印]萨拉·萨卡. 生态社会主义还是生态资本主义[M]. 张淑兰, 译. 济南：山东大学出版社, 2012: 87.

[4] [印]萨拉·萨卡. 生态社会主义还是生态资本主义[M]. 张淑兰译. 济南：山东大学出版社, 2012: 87.

造成了生态破坏和持续恶化，以至达到增长极限。苏联解体看似是政治危机和经济危机的结果，真正的根源却在于不合理的、过度的消费需求形成了环境无法承受之重。生态危机的爆发是毁灭性的，曾经强大的苏联走向解体就是最真实的、最惨痛的例子。

第五节　苏联政治经济民主传统的缺失

苏联虽然因高度集中的政治经济体制遭遇了增长极限，人们的生活水平也受到了一定程度的影响，但是，长期强劲增长的余热使得苏联人民的生活相较于以前还是有着大幅提高。毕竟"'社会主义'国家的经济失败只是相对的失败，只是与某些西方资本主义国家的成功相比较而言。"[1]所以，萨卡认为，"缺乏民主与自由是少数持不同政见者不断抗议和示威的最重要原因"[2]。

民主是人类历史古老而又年轻的话题。"民主"一词来源于古希腊，从词源意义上可理解为"人民的权力"或"人民的统治"。在马克思、恩格斯看来，民主的阶级性是其根本属性，在阶级社会语境下的民主是统治阶级的民主，只是少数剥削者与压迫者的民主，而非真正意义上的人民主权，资本主义议会民主所依赖的议会不过是个"清谈馆"罢了。正如恩格斯在批判资本主义民主时所说的："我们在那里却看到两大帮政治投机家，他们轮流执掌政权，以最肮脏的手段来达到最肮脏的目的，而国民却无力对付这两大政客集团，这些人表面上是替国民服务，实际上却是对国民进行统治和掠夺。"[3]恩格斯的这番话将资本主义民主的虚伪性和局限性展露无遗。1871年5月30日，距巴黎公社失败后仅两天，马克思便向"国际"总委员会宣读了《法兰西内战》，总结了巴黎公社失败的经验。马克思深刻揭示了巴黎公社以人民为主体的奥秘，回应了资产阶级对公社这个"怎么也捉摸不透的怪物"的好奇。在《法兰西内战》

---

[1] [印]萨拉·萨卡. 生态社会主义还是生态资本主义[M]. 张淑兰, 译. 济南：山东大学出版社，2012：25.

[2] [印]萨拉·萨卡. 生态社会主义还是生态资本主义[M]. 张淑兰, 译. 济南：山东大学出版社，2012：25.

[3] 马克思恩格斯选集（第3卷）[M]北京：人民出版社，2012：54.

中，马克思写道，"它所采取的各项具体措施，只能显示出走向属于人民、由人民掌权的政府的趋势。"①这些具体措施表现在经济、政治、文化的方方面面。在经济层面上，马克思指出："公社是想要消灭那种将多数人的劳动变为少数人的财富的阶级所有制。它是想要剥夺剥夺者。它是想要把现在主要用做奴役和剥削劳动的手段的生产资料，即土地和资本完全变成自由的和联合的劳动的工具，从而使个人所有制成为现实。"②从政治层面上来看，公社采取了两个可靠的办法避免国家和国家机关由社会公仆变为社会主人，"第一，它把行政、司法和国民教育方面的一切职位交给普选选出的人担任，而且规定选举者可以随时撤换被选举者。第二，它对所有公职人员，不论职位高低，都只付给跟其他工人同样的工资"。③从文化层面上来看，"公社在铲除了常备军和警察这两支旧政府手中的物质力量以后，便急切地着手摧毁作为压迫工具的精神力量，即'僧侣势力'，方法是宣布教会与国家分离，并剥夺一切教会所占有的财产……一切教育机构对人民免费开放，完全不受教会和国家的干涉。"④正是巴黎公社这一政治形式凸显的人民性，使得它同以往一切形式的剥削阶级的国家机器有着根本的区别，马克思毫不吝啬地称赞巴黎公社为"新社会的光辉先驱"。恩格斯曾高度评价了马克思的这篇著作，称其"揭示了巴黎公社的历史意义，并且写得简洁有力而又那样尖锐鲜明，尤其是那样真实，是后来关于这个问题的全部浩繁文献都望尘莫及的。"⑤

马克思主义民主观就是对西方民主理论的批判性继承与总结无产阶级斗争实践的经验的基础上建构的。在马克思、恩格斯看来，真正的民主不是阶级社会中处于剥削地位的少数人的民主，只有处于被剥削被压迫的最广大的无产阶级通过革命成为国家的主人时才能实现人民主权。无产阶级民主的理想是要"创建一种根本区别于资本主义国家的新的更高类型的国家形式，创建一种根本区别于资产阶级民主的新的更高类型的民主，并且利用这个新型的国家形式和新型的民主，去创造经济、政治、文化和社会的各种条件，使人

---

① 马克思恩格斯文集(第3卷)[M]北京：人民出版社，2009：163.
② 马克思恩格斯文集(第3卷)[M]北京：人民出版社，2009：158.
③ 马克思恩格斯文集(第3卷)[M]北京：人民出版社，2009：110-111.
④ 马克思恩格斯文集(第3卷)[M]北京：人民出版社，2009：155.
⑤ 马克思恩格斯文集(第3卷)[M]北京：人民出版社，2009：100.

第四章 西方生态社会主义对苏联社会主义模式的生态批判

类社会在未来的发展中逐步过渡到一种没有私有制、没有阶级、没有国家、从而使国家政治制度上的民主彻底消亡的共产主义社会。"① 所以，马克思主义民主理论是不同于资产阶级民主理论的；马克思主义的民主原则不局限于政治领域，而是涉及经济、文化等社会的各个领域的。

相较于言必称"民主"，切实践行更加重要，"没有民主的社会主义是无法想象的"②。萨卡认为，苏联社会主义模式之所以不能被称作是真正的社会主义的重要原因就在于苏联社会主义模式不是民主的。萨卡认为，苏联实际上并不是由整个共产党统治，而只是由一小撮领导集团，有时候甚至是个人独裁专制的状态。在这种统治氛围之下，即使是共产主义者也没有畅所欲言的权力，更不用说普通的工农了。然而，就事实而论，作为"世界社会主义运动史上探索执政党建设、探索党的执政方式科学化的第一人"③的列宁，深知践行社会主义民主的重要性，指明"胜利了的社会主义如果不实行充分的民主，就不能保持它所取得的胜利，并且引导人类走向国家的消亡。"④自领导俄国十月革命胜利后开始，一直到逝世，列宁致力于在苏联创立优越于资本主义民主制的社会主义民主制，希望社会主义民主制能够实现"民主发展过程中具有全世界历史意义的一大进步"⑤。他积极加强民主制度建设、完善法制，尤其注重通过自下而上的党内监督限制苏共中央最高权力，强调"不管是总书记，还是某个其他中央委员"⑥，都必须受到同等监督。

列宁在其代表性巨著《国家与革命》中指出，未来社会主义民主制是与资本主义民主制存在明显不同的最高类型的民主，"在社会主义下，'原始'民主的许多东西都必然会复活起来，因为人民群众在文明社会史上破天荒第一次站起来了，不仅自己来参加投票和选举，而且自己来参加日常管理。在社会

---

① 李铁映. 论民主[M]. 北京：中国人民大学出版社，2007：67.
② [印]萨拉·萨卡. 生态社会主义还是生态资本主义[M]. 张淑兰，译. 济南：山东大学出版社，2012：57.
③ 唐鸣，俞良早. 共产党执政与社会主义建设——原苏东国家工人阶级政党执政的历史经验[M]. 北京：人民出版社，2008：2.
④ 列宁全集(第28卷)[M]. 北京：人民出版社，1990：168.
⑤ 列宁选集(第3卷)[M]. 北京：人民出版社，1972：296.
⑥ [俄]布拉诺夫. 被篡改的列宁遗嘱[M]. 北京：新华出版社，1999：24-25.

主义下，所有人将轮流来管理，因此很快就会习惯于不要任何人来管理。"①列宁尤其关注党内民主制度的建立，确立民主集中制为根本组织原则，认为党内只有实行民主集中制才能真正实现党员参与党内事务，提出在加强中央集体领导的同时，党的各级领导人都要通过民主选举产生，畅通不同意见反馈渠道，加强党内监督等有效加强党内民主的制度措施。

1924年1月，列宁遗憾逝世，自此之后开启了斯大林时代的三十年。斯大林施行的高度集中的政治经济体制固然有其特殊的社会历史意义，为苏联社会主义建设的快速发展立下了不朽功勋。但是，列宁苦心经营的社会主义民主与法制也在这一时期开始遭到不同程度的破坏，为苏联解体埋下巨大隐患，以致积重难返。苏联社会主义民主与法制方面危机的出现，既有"在理论上的论述还不够充分，在制度上建设还不够完备，在改革中设计还不够周密，在党章中规定还不够具体，不免留下了不少漏洞"②的因素，也与斯大林的个人有关。斯大林上台之后通过各种措施破坏了苏联党内民主，比如，通过不断修改党代表大会和党代表会议年会制以及中央全会定期会议制的方式阻断民主选举产生党的各级领导人，屏蔽不同声音；通过改变中央监察委员会的地位和作用，使得他个人享有至高无上的权力而不被监督；通过实现领导职务终身制和指定接班人制，使他免于遭受权力危机，一直享有最高权力；通过大清洗运动彻底消灭与他持有不同政见或观点的党内党外人士，甚至一切有这种嫌疑的人，都被处以反革命罪。据统计，"1921至1954年间，被判处反革命罪的罪犯共有3 770 380人，其中死刑642 984人，25年以下劳改与监禁2 369 220人，流放和驱逐出境765 180人。"③

缺乏民主与生态恶化又有怎样必然的关联？奥康纳指出，"不论那些在原社会主义等级关系中处于上层地位的人有多么开明或者不开化，那些受到训练去研究和处理生态问题的工人、农民、科学家和技术员都是几乎没有或者

---

① 列宁选集(第3卷)[M]. 北京：人民出版社，1972：272.
② 高放. 苏联共产党的党内民主怎样被破坏殆尽[J]. 江苏行政学院学报，2004(03)：73.
③ 高放. 苏联共产党的党内民主怎样被破坏殆尽[J]. 江苏行政学院学报，2004(03)：71.

第四章　西方生态社会主义对苏联社会主义模式的生态批判

完全没有政治权力的"[①]。劳动阶级在政治上相互分隔即缺乏政治上的民主，导致了"大众力量"生态意识的缺乏，从社会大众层面形成自发的环保组织以实现保护环境的渠道堵塞。同时，政府部门和企业因进行大规模不合理发展所造成的环境问题的不公开与不负责，造成了环境问题的恶化。奥康纳也因此猜测，强权国家和社会软弱即政治和经济的缺乏民主，可能是造成类似切尔诺贝利事件等严重生态灾难的主要原因。同样，日本福岛核电站不顾国内国外的强烈反对向海洋排放核污染水的行为正是奥康纳这一猜想的残酷例证。日本此举不仅对日本民众的生活造成了直接冲击，整个地球海洋生态注定会因为这一决定充满不确定性。日本政府与东京电力公司公然撕毁曾与福岛县渔联的约定，没有事先与福岛渔民针对排海决定进行详细沟通。日本政府不顾福岛渔民生计，毅然执行核污染水排海计划的行为，正是日本广大民众缺乏政治民主的直接体现。

尽管西方生态社会主义从生态视角对苏联社会主义模式展开了全面而又深刻的批判，但是，这并不代表西方生态社会主义要走向社会主义的反面，与之相反，社会主义已然成为西方生态社会主义畅想未来的总基调。在高兹看来，真正的社会主义能够做到"资本的经济理性对社会关系的塑造只发挥次要作用，'经济理性'在社会和个人生活中不过是和其他活动同等重要的活动。"[②]苏联社会主义模式的失败正是因为它没有做到对经济理性的克制与限制，因而它也不是作为真正的社会主义而存在的，要把苏联社会主义模式和真正的社会主义区别开。西方生态社会主义者坚信社会主义仍然代表人类社会的未来，可前提是必须是先进的真正的社会主义。

---

① [美]詹姆斯·奥康纳.自然的理由：生态学马克思主义研究[M].唐正东，臧佩洪，译.南京：南京大学出版社，2003：412.
② [法]安德烈·高兹.资本主义，社会主义，生态：迷失与方向[M].彭姝祎，译.北京：商务印书馆，2018：49.

第五章 西方生态社会主义对未来社会的构想

萨拉·萨卡明确指出,"人类当前面临的和在可以预见的将来面临的议题无非是两个方面,一是克服生态危机,二是创造一个美好的人类社会。"[1]这句话既明确说明了当下和未来人类社会必然面临的两大课题,又暗含了创造美好人类社会与克服生态危机的内在联系,美好的人类社会一定是能够克服生态危机的社会。资本主义的反生态本性已经证明:"要想遏制世界环境危机日益恶化的趋势,在全球范围内仅仅解决生产、销售、技术和增长等基本问题是无法实现的。这类问题提出得越多,就愈加明确地说明资本主义在生态、经济、政治和道德方面是不可持续的,因而必需取而代之"[2]。对资本主义的生态批判和对苏联社会主义模式为代表的传统社会主义的批判要求社会结构变革和价值观变革相结合,突出强调社会结构变革是解决资本主义生态危机的首要前提,也体现出价值观变革对社会可持续发展的重要作用。

所以,对于西方生态社会主义而言,未来社会一定是一个能够"颠覆资本主义生产关系和权力结构,克服资本主义社会以受广告支配的消费作为人们实现满足的主要形式,以新型人类中心主义价值观为指导,实现人和自然共同协调发展"[3]的存在,这一社会必须要突出生态合理性与社会公正性两个方面的核心内容。西方生态社会主义以马克思历史唯物主义为理论基础,整合

---

[1] [印]萨拉·萨卡.生态社会主义还是生态资本主义[M].张淑兰,译.济南:山东大学出版社,2012:8.
[2] [美]约翰·贝拉米·福斯特.生态危机与资本主义[M].耿建新,宋兴无,译.上海:上海译文出版社,2006:61.
[3] 王雨辰.生态批判与绿色乌托邦[M].北京:人民出版社,2009:243.

第5章 西方生态社会主义对未来社会的构想

西方环境运动中其他绿色思潮的理论,从而提出符合未来理想社会要求的各种观点鲜明的生态政治主张和生态政治战略,满怀期待地畅想和构想未来社会的美好图景。

第一节 生态社会主义何以可能

生态危机的持续影响迫使人们思考未来社会应该走向何方。虽然"最发达资本主义国家的人均生态足迹(ecological footprints)最大,显示了当今世界资本主义发展的道路是死路一条"[①],但是,社会主义制度取代资本主义制度是否会成为必然,为什么必须是社会主义,仍不免有人提出质疑。这种质疑声一方面来自资本主义及其变体,在第三章中,我们已经对资本主义及其变体展开了深刻的生态批判,在资本主义框架内解决生态危机已经被证明是不现实的,可是资本主义仍然不愿意相信社会主义制度可以解决这一问题;另一方面的质疑声则来自绿色主义者的质疑,尽管绿色主义者不是资本主义的朋友,甚至是反对资本主义的,但是,在反对社会主义的一致性斗争中,绿色主义者竟然成为资本主义的同盟军。他们发难的焦点在于在传统社会主义国家也曾发生了生态危机,而且现存的社会主义国家也难逃生态环境破坏的境遇。所以,在绿色主义者看来,无论是传统社会主义国家还是现存的社会主义国家生态问题的严峻性都不亚于资本主义国家。既然如此,社会主义与生态学之间是否真的存在难以调和的矛盾,二者之间是否可以走向价值共契,就成为西方生态社会主义回答生态社会主义何以可能的重要前提。生态社会主义之所以可能是因为它的产生和发展不是主观臆想,而是具有深厚的理论基础和充分的现实基础的。

一、生态社会主义在理论上的可能性

从理论基础上看,18世纪,瑞典动物学家、植物学家、生物学家卡尔·

---

① 康瑞华.生态危机与生态革命——福斯特对资本主义的生态学批判[J].马克思主义研究.2007(04):89.

冯·林奈首先构想出定义生物属种的原则,并创造出统一的生物命名系统。林奈成为近代生物学的奠基人,也奠定了生态学的根基。1869年,德国著名的生态学家恩斯特·海克尔首次提出"生态学"的概念,并于次年给出了生态学的明确定义。他认为,"生态学意指关于自然的经济学知识,即研究动物与有机物和无机物环境的全部关系——首先是与其直接或间接接触的动物和植物友好或敌对的关系——即生态学是研究被达尔文称为生存斗争的复杂关系。"[1]生态学概念的明确定义标志着生态学开始成为一门独立的学科。20世纪中期,随着世界经济社会的发展和由此带来的生态环境的变化,群众性的环境保护运动在各领域开展起来,生态学延展了其原本概念的生物学范畴,转变成了包括生态科技、生态伦理、生态女权主义等在内的生态主义。从生态学到生态主义,绿色主义者主导的生态运动成为生态主义蓬勃发展的助推器。

自文艺复兴和科学革命以来,西方形成了传统的二元思想。在这种传统思想的影响下,人们习惯于把人与自然的关系看作是矛盾和对立的,形成了生态中心主义和人类中心主义两种对立的自然价值观。生态中心主义并不认为人类在整个生态系统中具有优于其他自然存在物的优越性,认为人与自然中的其他生物是一样的,而人类中心主义则突出人的主体地位和人的需要,突出强调人的社会性。生态主义者正是抓住了人类中心主义价值观对人的关注和满足,认为正是这种对人的价值唯一性的认可才导致人对自然的肆意开发和利用,进而引发生态危机。解决问题的关键就在于必须摒弃人类中心主义价值观,树立"自然价值论"和"自然权利论"的生态中心主义价值观。

施密特曾评价马克思主义自然观特殊就特殊在了它的社会历史特征。马克思主义自然观认为,人与自然是有机统一体,我们要运用整体论和有机论来看待人与自然的关系。就整体论而言,一方面,"人"虽然不同于自然界的其他生物,但也并非独立于自然之外。马克思强调,"人(和动物一样)靠无机界生活……植物、动物、石头、空气、光等等……人在肉体上只有靠这些自然产品才能生活……自然界就它自身不是人的身体而言,是人的无机身体。

---

[1] [美]Robert E. Ricklefs. 生态学[M]. 孙儒泳,等,译. 北京:高等教育出版社,2004:2.

第5章 西方生态社会主义对未来社会的构想

人靠自然界生活。这就是说,自然界是人为了不致死亡而必须与之处于持续不断的交互作用过程的、人的身体。"[①]另一方面,没有"纯粹自然"的存在,自然界也离不开人类社会,"只有在社会中,自然界对人来说才是人与人联系的纽带,才是他为别人的存在和别人为他的存在,只有在社会中,自然界才是人自己的合乎人性的存在的基础,才是人的现实的生活要素。只有在社会中,人的自然的存在对他说来才是人的合乎人性的存在,并且自然界对他说来才成为人。因此,社会是人同自然界完成了的本质的统一,是自然界真正的复活,是人的实现了的自然主义和自然界的实现了的人道主义。"[②]美国历史学会主席约翰·麦克尼尔在谈到历史学的发展变化时认为,历史学在20世纪发生了三次转向,前两次分别是历史学的社会科学转向和历史学的文化转向,第三次就可能是历史学的自然科学转向。尽管向自然科学的转向还未完成,但是能够想象到的是,现在的历史学毫无疑问是建立在对人的片面理解之上的人类中心主义,我们称之为传统的人类中心主义。传统的人类中心主义对"个人"和"技术"的绝对推崇所造成的生态问题的确不可忽视。佩珀就明确指出了它的不正确性。与此同时,我们也不能认为环境的敌人就是人类而完全忽视生态危机的深层原因以及人的积极作用。福斯特对此强调:"只有承认环境的敌人不是人类(不论作为个体还是集体),而是我们所在的特定历史阶段的经济和社会制度,我们才能够为拯救地球而进行真正意义上的道德革命寻找到充分的共同基础。"[③]佩珀则从有机论的视角出发,否定了生态主义者对人与自然之间的极端认知,指出自然并不是反人类的存在,"我们所观察到的自然是社会的被观察到的和产生的"[④]。自然和生态平衡问题的考量是一种与人的需要、愉悦和愿望相关的人类的界定,就像沃森理解的那样,"对'顶级状态'的生物、多样性、均势、平衡以及复杂性的偏爱是一个人类的经济学和美学问

---

① 马克思恩格斯选集(第1卷)[M]. 北京:人民出版社,2012:55-56.
② 马克思恩格斯文集(第1卷)[M]. 北京:人民出版社,2009:187.
③ [美]约翰·贝拉米·福斯特. 生态危机与资本主义[M]. 耿建新,宋兴无,译. 上海:上海译文出版社,2006:43.
④ [美]戴维·佩珀. 生态社会主义:从深生态学到社会正义[M]. 刘颖,译. 济南:山东大学出版社,2012:282.

题"①。生态主义既忽视了从人类社会和自然界之间相互作用的角度分析生态危机产生的根源,又没有辩证地认识到人类社会自身就是危机产生的根源。完全从自然的立场出发,开不出治愈危机的良方。所以,佩珀认为,需要从人类的视角去观察自然,"自然的权力(生物平等主义)如果没有人类的权利(社会主义)是没有意义的"②。佩珀肯定了马克思主义关于人与自然、自然与社会、人与人之间存在着密不可分的关系的观点,并且指出人与自然之间的关系不能颠倒,应该从社会正义推进到生态学而不是相反。从这一意义上看,人类不可能不坚持人类中心主义,只是必须区别于技术中心主义等传统人类中心主义。

佩珀对人类中心主义进行了重构,形成了一种"长期的集体的人类中心主义,而不是新古典经济学的短期的个人主义的人类中心主义"③。相较于资本主义对拥有更高利益追求的少部分人的价值的弘扬,新人类中心主义虽然也强调对人的关照,对象却不同。福斯特坚持"以人为本"关照的是那些需要"满足基本需要和长期保障的"穷人,此时再强调"以生产甚至环境为本"则显得不道义。福斯特认为,"这是我们与资本主义生产方式的更高的不道德进行斗争所要坚持的基本道义"④。由此可见,新人类中心主义"拒绝生物道德和自然神秘化以及这些可能产生的任何反人本主义"⑤,突出了人类社会发展最终要实现的是人的自由而全面发展的目标。新人类中心主义虽然将人放在人与自然关系的中心位置,但是,在认识自然和改造的自然的过程中却坚持顺应自然、保护自然,是一种"开明的人类中心主义",伴随生态中心主义对人类尺度的有限回归,我们也看到了"温和的生态中心主义"。非人类中心主义与人

---

① [美]戴维·佩珀. 生态社会主义:从深生态学到社会正义[M]. 刘颖,译. 济南:山东大学出版社,2012:271.
② [美]戴维·佩珀. 生态社会主义:从深生态学到社会正义[M]. 刘颖,译. 济南:山东大学出版社,2012:4.
③ [美]戴维·佩珀. 生态社会主义:从深生态学到社会正义[M]. 刘颖,译. 济南:山东大学出版社,2012:271.
④ [美]约翰·贝拉米·福斯特. 生态危机与资本主义[M]. 耿建新,宋兴无,译. 上海:上海译文出版社,2006:42.
⑤ [美]戴维·佩珀. 生态社会主义:从深生态学到社会正义[M]. 刘颖,译. 济南:山东大学出版社,2012:354.

类中心主义的相互靠近，使得生态社会主义社会有了可行性前提。

二、生态社会主义在现实上的可行性

从现实基础看，资本主义的反生态本性造成了资本主义的经济危机和生态危机，经济危机实际上就是生态危机所引发的，对人类世界造成了巨大伤害。当越来越严峻的境况摆在人类面前时，绿色主义者却认为社会主义同资本主义一样，正是由于他们对经济无限增长的追求，才会导致世界面临生态危机，也正因此，他们把社会主义当作是"生产主义"看待。为了补救退化了的自然条件，绿色主义者提出了两种一般性方法：第一种是对财富和收入进行一种更为恰当的分配，第二种则是慢增长、零增长或可持续增长。这两种补救方法要实现的目的是一致的，就是要减缓经济增长。但是，令绿色主义者没想到的是，由此带来的经济危机将会诱发更大的生态危机。

至于传统社会主义对生态环境的破坏，绿色主义者只看到了破坏的结果以及它表面所展现出的类似于资本主义的生产逻辑，却没有发现传统社会主义生态危机与资本主义生态危机，既有相似的方面，又有根本上的区别。二者之间的相似之处在于结果，而二者之间的重要区别则要看诱因，即造成生态破坏的动机。资本主义制度的非正义性是由于对利益的无尽索取导致的，而传统社会主义国家大多是在落后国家取得政权，为了巩固政权，必然要加快物质积累以实现国家富强和人民生活水平的提高。传统社会主义在经济和政治方面曾许下承诺："第一，社会主义将在资本主义关于平等、自由和博爱的形式主张中填充进实实在在的社会和政治内容。第二，社会主义将实现备受危机折磨的资本主义所无力完成的达到物质富足的许诺"[①]，尽管这两大历史任务都以失败而告终，但是，传统社会主义国家对生态环境的利用基于生存和发展的初衷没有改变。因此，在奥康纳看来，"社会主义国家的资源损耗和污染更多的是政治而非经济问题。也就是说，与资本主义的情况不同，大

---

① [美]詹姆斯·奥康纳. 自然的理由：生态学马克思主义研究[M]. 唐正东，臧佩洪，译. 南京：南京大学出版社，2003：435.

规模的环境退化可能并不是社会主义的本质"①，社会主义与生态学并不存在内在冲突。绿色主义者关于生态学与社会主义之间存在矛盾的论断不仅是对社会主义的误解，也与绿色主义者的反生产倾向息息相关，"对于工党和社会主义者来说，绿色主义同短缺和禁欲主义联系在一起；而后者则把工党和社会主义等同于较高的经济增长率以及随之而来的生态上的不可持续性"②。

为了解决生产发展过程中对资源环境愈益严重的破坏，西方的社会主义者也曾积极寻找补救劳动条件的方法，可是这些补救措施与传统社会主义国家采取的策略大同小异。实践证明，这些措施只会导致对劳动的更大程度的剥削和对生态环境的更大程度破坏。由此可见，从一般意义上探讨社会主义与生态学之间的适恰性，是注定没有结果的。解决这一对矛盾问题的出路就在于重新定义"生产主义"，使得社会主义的"生产主义"与生态学之间存在合理性。脱离二者本身内涵的局限，从世界发展的范畴来思考二者的辩证关系更具有实践意义。在世界资本主义矛盾所带来的世界范围内的经济危机和生态危机的推动作用下，经济问题和生态问题都已不是他们二者自身或者局限于地方的事情，"大多数的生态问题以及那些既是生态问题的原因也是其结果的社会经济问题，仅仅在地方性的层面上是不可能得到解决的"③。社会主义与生态学之间可以看成是不存在原则矛盾的，甚至可以认为他们是同一历史过程的两个侧面。社会主义需要生态学，生态学也需要社会主义，仅凭他们自身是不可能同时有效应对全球资本主义在经济和生态双重维度上的破坏的。20世纪80年代，以德国绿党为代表的左派绿色政治团体和引发的左派绿色潮流使得一些国家出现了与以往不同的生态运动，这些运动吸引了许多人投身于那些与生态有关的传统劳动阶级运动以及某些新的"农民"运动中来。尽管停留于各种尝试和实验，却让我们有理由相信，"社会主义和生态学根本不是

---

① [美]詹姆斯·奥康纳.自然的理由：生态学马克思主义研究[M].唐正东，臧佩洪，译.南京：南京大学出版社，2003：418.
② [美]詹姆斯·奥康纳.自然的理由：生态学马克思主义研究[M].唐正东，臧佩洪，译.南京：南京大学出版社，2003：425.
③ [美]詹姆斯·奥康纳.自然的理由：生态学马克思主义研究[M].唐正东，臧佩洪，译.南京：南京大学出版社，2003：434.

相互矛盾的，也许它们恰恰是互补的"①。从一定意义上来看，"资本主义已证明自己就是社会主义与生态学能达成某种婚姻关系的媒人，或者更谨慎地来讲，如果说这种婚姻关系的前景还遥不可及，那么至少可以说，某种婚约关系已经开始了"。②

所以，如果说资本逻辑注定无法解决由其自身带来的生态灾难，那么就必须由"社会主义"来做，"如果说过去的社会主义未能做到这一点，那么，这正是我们这一代人的使命，只要我们不想向一个野蛮主义结局投降而想有所作为的话……社会主义的名称与现实也必须作出改变"③，"生态社会主义"应运而生。生态社会主义既继承了传统社会主义的解放性目标，又摒弃了导致传统社会主义失败的"社会民主主义淡化了的、改良主义的目标和现实社会主义官僚体制的生产主义结构"，努力在生态框架内重新界定社会主义生产的途径与目标。④ 生态社会主义成为解决世界性生态危机的必然走向并不断走向新的胜利。

第二节 生态社会主义社会建构的基本原则

不同的西方生态社会主义者在生态社会主义社会的具体构想和实践路径上各有千秋，一致的出发点和目的性又使得他们的生态社会主义思想之间存在着一定的逻辑共性，他们把摒弃资本主义经济理性、维护生态正义、坚持红绿政治联合，作为构想未来社会所遵循的一致原则。

---

① [美]詹姆斯·奥康纳.自然的理由：生态学马克思主义研究[M].唐正东，臧佩洪，译.南京：南京大学出版社，2003：434.
② [美]詹姆斯·奥康纳.自然的理由：生态学马克思主义研究[M].唐正东，臧佩洪，译.南京：南京大学出版社，2003：435.
③ 郇庆治.重建现代文明的根基——生态社会主义研究[M].北京：北京大学出版社，2010：303.
④ 郇庆治.重建现代文明的根基——生态社会主义研究[M].北京：北京大学出版社，2010：303.

一、生态理性必须取代经济理性

高兹对社会主义的重新定义建立在对资本主义的积极否定中。高兹从经济理性视角对资本主义进行生态批判，指明资本主义把经济理性作为自己的价值原则，在经济理性支配下坚持利润至上。资本主义不断扩大生产规模及异化消费现象的出现导致资本主义经济理性与生态理性之间的矛盾不可调和，"长此以往，生态层面不合理的东西在经济层面也会不合理"[①]。生态限制必然导致资本主义生产方式的局限性，尽管这不符合资本主义"不增长就灭亡"的逻辑，但是，当生态现状与资本主义遵循的价值原则不一致时，资本主义最终要承认外部的生态强制性。当然，在高兹看来，资本主义也并非没有行动。资本主义认识到生态环境对资本主义逻辑持续性的重要意义，所以，资本主义被迫进行生态重建。生态重建的方式是打造盈利的生态工业、生态农业和生态商业，生态重建的工具是生态技术，生态重建的目的不是生态环境本身而是盈利。透过现象看资本主义"生态重建"的本质是资本家打着"生态重建"的幌子行追逐利润之实，仍然是资本主义经济理性在作祟。无论是资本主义还是生态资本主义，关注的重心永远是物而不是人，何谈人的解放。福利国家的出现使冰冷的资本主义与以往不同，或多或少带有人道主义色彩，然而福利国家存在的意义却在于支持市场社会。所以，"只有官僚——工业系统及其权力机器和技术约束受到压缩和重组，从而使所有具有经济合理性的领域都退居从属地位，服务于社会中的个人，由个人自主决定交换和合作方式，我们才能够谈论社会主义。"[②]由此可见，克服以产出和收益最大化为宗旨的经济理性，代之以能够服务于人和社会发展的生态理性才是未来理想社会的合理内核。

生态理性不同于经济理性的工具属性，而是一种价值理性，生态理性既包含对主体需要的理性认识，也包含着对客体限制即生态制约性的理性认

---

① [法]安德烈·高兹. 资本主义，社会主义，生态：迷失与方向[M]. 彭姝祎，译. 北京：商务印书馆，2018：51.
② [法]安德烈·高兹. 资本主义，社会主义，生态：迷失与方向[M]. 彭姝祎，译. 北京：商务印书馆，2018：59.

第 5 章 西方生态社会主义对未来社会的构想

识。[①] 坚持生态理性，就是要"以尽可能少的劳动、资本和资源投入，尽可能高的产品使用价值和耐用性来满足人们的物质需要。"[②]无论是资本主义还是以苏联社会主义模式为代表的传统社会主义都无法实现这一价值原则。所以，高兹判定，能够有效解决生态危机的理想社会，必须是内蕴生态理性且将其作为首要价值原则的先进的社会主义，高兹称之为"新社会主义社会"。高兹认为，"新社会主义社会"要实现"限制在竞争和市场关系中自由表达的经济理性，使之服务于高级理性，即为社会服务"[③]的目的。在这样的社会中，劳动时间更少，人们得以从异化劳动中解放出来；消费得更少，人们的生活质量却得到质的提高；技术上的发明和使用能够助力于社会—生态建设。

当经济理性与资本主义、生态理性与社会主义一一契合时，不免让人认为社会主义中是不能存在经济理性的，经济理性与生态理性是不相容的。在高兹看来，经济理性本身与生态理性是不冲突的，"资本主义与社会主义冲突的本质是经济理性的范围和广度而非经济理性本身"[④]。所以，建设生态社会主义社会并不意味着完全摒弃经济理性，经济理性具有其必要性，只是必须要限制它的作用范围，即经济理性要服从于生态理性才能实现"更少的生产，更好的生活"状态，才能实现生态理性、经济理性和社会理性的统一。

高兹坚持生态理性为核心的生态社会主义的构想提醒我们，"更多"并不必然意味着更好，这里的"更多"包括工资更多和消费更多，这些都不必然意味着更好的生活。除高兹之外，莱斯、佩珀、福斯特等人都认同生态理性对未来理想社会构建的重要价值，强调生态社会主义的经济增长是理性的而资本主义追求的经济增长是非理性的。所以，佩珀和福斯特提出生态理性制约下的适度经济增长的目标，他们认为，这是更好地解决社会公正和生态危机问题的重要前提。

---

① 张夺. 生态学马克思主义自然观与生态文明理念研究[M]. 北京：人民出版社，2021：151.
② [法]安德烈·高兹. 资本主义，社会主义，生态：迷失与方向[M]. 彭姝祎，译. 北京：商务印书馆，2018：51.
③ [法]安德烈·高兹. 资本主义，社会主义，生态：迷失与方向[M]. 彭姝祎，译. 北京：商务印书馆，2018：47-48.
④ [法]安德烈·高兹. 资本主义，社会主义，生态：迷失与方向[M]. 彭姝祎，译. 北京：商务印书馆，2018：48.

萨卡受到马歇尔·萨林斯观点的影响认为，我们不可能在吃掉蛋糕的同时还拥有蛋糕，人们必须接受一种谦卑的生活风格（方式）。萨卡从生存还是毁灭的激进观点出发考量人类社会未来的生产生活方式并向人们发出了警示，认为人类只要还想依赖地球的资源和环境生存，不想在争夺土地、水、石油、天然气、铁矿和木材等资源的过程中走向毁灭的话，就必须接受"将不再允诺不断增加的财富和过度提高的生活标准"的生态社会主义。①即是说，人们想要享受到一定程度的物质丰富，就必须控制自己的物质要求或需求。

生态社会主义以生态理性为价值原则，注重处理人的需要与生态保护及经济发展之间的关系。满足人的需要是人类社会存在和发展的终极目标，落实生态保护则需要适当调节人的需要和经济发展方式，经济发展则能为生态保护和人的需要提供必要物质基础，三者之间的关系只有在社会主义制度的基础上才能得以有效平衡。

二、生态正义与社会正义相统一

社会正义是西方政治哲学研究的重要论题，也同样成为生态社会主义关注的重要论域。在整个人类社会历史的发展中，实现社会正义已成为人们的理想和追求，古今中外概莫如是，只是在不同的历史发展阶段，社会正义必然存在不同内蕴。针对资本逻辑导致的日益严峻的生态危机，西方生态社会主义认为生态危机只是表象，生态危机掩盖下的实质正是生态的不正义，便将社会正义延伸至生态领域。运用社会正义理论的分析框架探讨生态环境问题产生的根源和解决的路径，是生态社会主义研究的重要创新，生态正义理论由此出场。

西方生态社会主义者普遍认为，"那些通过理性、科学、工业和社会公正达到人类进步的总体目标必须注入一种生态的意蕴"②，生态正义成为未来理想社会不可或缺的深层内涵。西方生态社会主义者试图挖掘和借鉴马克思主

---

① ［印］萨拉·萨卡.资本主义还是生态社会主义——可持续社会的路径选择[J].郇庆治译.绿叶，2008(06)：44-47.

② ［英］戴维·佩珀.生态社会主义：从深生态学到社会正义[M].刘颖，译.济南：山东大学出版社 2005：11.

第5章 西方生态社会主义对未来社会的构想

义理论，实现了三个层面的转向："从强调自然内在价值的生物平等主义走向社会公平正义，从分配性正义走向生产性正义，从关注正义理论规范设计走向关注生态正义的运动实践。"[①]西方生态社会主义不仅关注资本主义社会人与自然的关系而强调生态正义，而且从人与自然的关系问题扩展到资本主义社会人与人之间的剥削关系问题而强调社会正义。从西方生态社会主义者的角度来看，资本主义社会的非正义性表面上看是对自然的控制导致的生态非正义，实质上对人的控制导致的社会非正义。资本主义生产关系是导致生态非正义和社会非正义的根本所在，因此，必须要对资本主义生产关系进行彻底改造。

社会主义成为实现生态正义与社会正义相统一的制度基础。对此，奥康提出，"使交换价值从属于使用价值，使抽象劳动从属于具体劳动，这也就是说，按照需要（包括工人的自我发展的需要）而不是为了利润来组织生产。"[②]这就需要实现由关注量到关注质的转变，进而实现"分配性正义"向"生产性正义"的转变。在资本逻辑中，"正义"是指事物的平等分配，而不是事物的平等生产。资产阶级维护的正义正是"分配性正义"，但这种"正义"关涉的不是社会的权利/要求，而是个体的权利/要求。奥康纳提出了三种类型的"社会分配性正义"，奥康纳也称之为"社会民主的分配性正义"，包括经济的正义，生态的或环境的正义，社区的或公共的正义。这些类型的"分配性正义"都存在着"某些团体对其他一些团体欠下社会性债务的情况"[③]，这些问题的解决依靠的就是"最小公分母"，即金钱来衡量补偿。为了降低"分配性正义"的成本，就必须要制定"合理价格"，随着日益社会化的生产、分配、交换和消费体制的发展，"根本没有方法来计算各个个体和团体的利益和成本"[④]。这也预示着"分配性正义"在一个社会化生产高度发展的世界中根本不能实现，"生产性正

[①] 陈培永. 论生态学马克思主义生态正义论的建构[J]. 华中科技大学学报（社会科学版）. 2010, 24(01): 32.

[②] [美]詹姆斯·奥康纳. 自然的理由：生态学马克思主义研究[M]. 唐正东、臧佩洪，译. 南京：南京大学出版社，2003：525-526.

[③] [美]詹姆斯·奥康纳. 自然的理由：生态学马克思主义研究[M]. 唐正东、臧佩洪，译. 南京：南京大学出版社，2003：536.

[④] [美]詹姆斯·奥康纳. 自然的理由：生态学马克思主义研究[M]. 唐正东、臧佩洪，译. 南京：南京大学出版社，2003：537.

义"成为"正义"唯一可行的模式并凸显其必要性。

"生产性正义"的实现需要依托"能够使消极外化物最小化、使积极外化物最大化的劳动过程和劳动产品(具体劳动和使用价值)"①。简言之,就是实现积极外化物最大化和消极外化物最小化,即实现有限生产最大化与生态环境污染最小化之间的平衡,这与高兹提出的生态理性原则有着异曲同工之处。"生产性正义"内蕴着"生态正义"与"社会正义","生态正义"是"社会正义"实现的阶段目标,"社会正义"是"生态正义"实现的重要基础。福斯特也认为,"生态与社会公正是不可分割的"②,我们的生态问题源于我们的社会问题。唯有寄望生态社会主义社会才能实现"生态正义"与"社会正义"相结合的"生产性正义"。

三、生态运动与社会主义运动相结合

资本主义社会正面临经济危机与生态危机的双重挑战,"危机"已不再单纯是过去人们认识到的周期性、历史性的经济危机,也包含着一直持续存在和恶化的生态危机。美国绿色左翼活动家戴维·兰塞姆认为,当今时代这两个突出议题是相互关联的,当解决这两个议题的力量超出其各自范围时,又往往由于没有有效衔接而缺乏带来持久性变化的政治力量,必须要把这两种力量结合起来以顺应现实斗争。所以,兰塞姆呼吁社会主义者和环境主义者联合起来,为共同的事业而一起奋斗。生态运动与社会主义运动相结合的生态革命是世界走出经济危机和生态危机的最优解,为走向生态社会主义开辟了实践道路。

"从发生学的角度讲,很多社会政治理论均源于各式各样的社会运动。"③1968年发生于法国的"五月风暴"引发了西方发达资本主义国家的普通群众对平等、个人价值实现等一些现实问题的关注。因此,在此次风暴之后,西方发达国家发生了包括生态运动、女权运动、种族民权运动、同性恋运动、反

---

① [美]詹姆斯·奥康纳.自然的理由:生态学马克思主义研究[M].唐正东,臧佩洪,译.南京:南京大学出版社,2003:538.
② [美]福斯特.生态危机与资本主义[M].耿建新,宋兴无,译.上海:上海译文出版社,2006:84.
③ 叶海涛.绿色政治与生态启蒙[D].南京:南京大学,2014:33.

第5章 西方生态社会主义对未来社会的构想

战和平运动等一系列带有不同利益诉求的群众抗议运动。这表明"代表了工人和其他被剥削群体之力量的'旧'社会运动,已经度过了它的鼎盛期……自治、自我表达和批判后工业社会导向的'新'社会运动,正在排挤和取代'旧'社会运动。"[①]生态运动因资本主义生态危机的愈演愈烈以及全球生态问题恶化而成为新社会运动关注的重点,逐渐成为新社会运动中规模较大、组织较为成熟的运动形态。

福斯特提出了当今社会中存在的两种生态革命,一是生态工业革命,二是生态-社会革命。福斯特认为,面对日益严重的生态危机,资本主义应对的办法就是开展生态工业革命,主流社会精英们不是从自然逻辑出发思考如何解决严峻的环境问题,而是关心如何在资本主义可承受范围之内通过利润增长、技术奇迹等引导大众去相信"改良的工程可以解决所有的问题,因而不需要改变社会结构和人类行为"[②]。生态工业革命既没有打破现有的社会结构从而有助于形成更加公平的社会,同时也无助于真正改善人类与自然关系从而形成一种更加可持续的生态环境的发展。由此可见,裹挟着资本增殖逻辑的生态工业革命并不是真正的生态革命,生态革命"必须变革人类与自然之间的关系,以及根植于现存社会生产关系中的社会结构"[③]。福斯特也明确指出,"超越人类异化的社会主义目标在任何可观的程度上都不可能实现,除非它与超越自然异化的目标协同共进。同样,如果不解决社会异化,超越自然异化的生态目标也不可能实现。"[④]在生态主义指导下的生态运动继承了生态中心主义价值观,从理论上将生态运动同工人运动对立起来,在具体实践上则忽视工人阶级的基本生存权利。福斯特认为,这种行为"充其量也只能是成功地转移环境问题",更为糟糕的是,在这一过程中,"资本主义制度以其无限度地将人类生产性能源、土地、定型的环境和地球本身建立的生态予以商品化的

---

① [美]查尔斯·蒂利.社会运动,1768—2004[M].胡位钧,译.上海:上海人民出版社,2009:99.
② [美]约翰·贝拉米·福斯特.生态革命:与地球和平相处[M].刘仁胜,李晶,董慧,译.北京:人民出版社,2015:9.
③ [美]约翰·贝拉米·福斯特.生态革命:与地球和平相处[M].刘仁胜,李晶,董慧,译.北京:人民出版社,2015:6.
④ [美]约翰·贝拉米·福斯特.生态革命:与地球和平相处[M].刘仁胜,李晶,董慧,译.北京:人民出版社,2015:28.

倾向，进一步加强了全球资本主义的主要权力关系"。① 这种全球性运动不仅对总体绿色目标毫无意义，反而由于现存社会力量的分裂阻碍了环境事业的发展。所以，必须使生态革命与广泛的社会革命相联系、互为补充。

相较于生态工业革命，福斯特寄希望于生态社会革命，认为这才是"一种真正的生态和社会革命"，期望通过生态社会革命形成一种可持续性的社会生态关系。生态社会主义社会的建立就是要由生态运动走向生态政治，将社会主义运动与生态运动相结合，生态革命概念的提出标志着生态社会主义走向理论成熟。福斯特认为，"名副其实的全球性生态革命只能作为更大范围的社会革命——而且我坚持认为是社会主义革命——的一部分发生。这样一种革命，若要产生符合真正'大过渡'的平等、可持续性和人类自由的诸多条件，就有必要从全球资本主义等级秩序下的底层劳动人口和诸多社区的斗争中获取其主要推动力。"② 与资本主义自上而下的生态工业革命不同，福斯特明确生态社会主义革命的主体是无产阶级，处于底层的无产阶级失无可失，所以最具革命性。

20世纪中叶以来，欧美资本主义国家的工人阶级生活状况得到了很大改善，工业无产阶级与马克思当年提出的无产阶级的概念有了很大差别。尽管如此，我们却不能忽视垄断资本主义与帝国主义不断迭代升级的情况下，对人的剥削与压迫已经转移到世界不发达国家的情况。这些不发达国家人口多、底子薄，工人的生存状况堪忧，重压之下的反抗符合马克思对无产阶级革命性分析的基本条件。不发达国家的大量的被压迫的无产阶级成为福斯特眼中最具有革命性的阶级，生态社会革命就是依靠无产阶级推动的一种自下而上的革命。与福斯特一样，佩珀也相信工人阶级的革命主体地位，他从全球视角分析指出，"潜藏的阶级冲突仍潜在地是一种强大的变革力量"③。所以，佩珀明确提出："作为集体性生产者，我们有很强的能力去建设我们需要的社

---

① [美]约翰·贝拉米·福斯特. 生态危机与资本主义[M]. 耿建新，宋兴无，译. 上海：上海译文出版社，2006：97-98.
② [美]约翰·贝拉米·福斯特. 生态革命：与地球和平共处[M]. 刘仁胜，李晶，董慧，译. 北京：人民出版社，2015：238.
③ [美]戴维·佩珀. 生态社会主义：从深生态学到社会正义[M]. 刘颖，译. 济南：山东大学出版社，2012：284.

会。因此，工人运动一定是社会变革中的一个关键力量。它将重新发现了自己在这方面的潜力……"①

对于这一问题，高兹也提出了自己的观点，只是相较于福斯特对于这一问题的坚定看法，高兹在不同的发展阶段则有不同的主张，不同时期对革命主体问题的追寻也体现出高兹对生态社会主义社会的渴望。依据经济社会不断发展对社会阶级产生的直接影响，高兹对革命主体的认识也不断发生变化。"五月风暴"之前他认为，传统概念上的工人阶级伴随着经济社会的发展已经越来越少且丧失了革命的激情，随之产生的包括专家、技术人员、教师、记者、科层雇员等群体在内的"新工人阶级"在资本主义经济发展变化的过程中与传统工人阶级一样，在劳动场所受到资本的剥削与压迫，为了摆脱被异化的命运，追求自由和创造，必然汇聚成一股强大的革命力量。并且，"新工人阶级"掌握着知识与技术，有能力通过企业结构改革的方式逐渐控制生产过程，逐步把资本家的领导权和控制权收归自身。所以，在高兹看来，"新工人阶级"既有走向革命的意识和热情，又有实施革命的能力，可以作为生态革命与社会革命相结合的革命主体力量而存在。

巴黎"五月风暴"之后，技术异化现象和追求技术正义成为整个社会探讨的热题。资本主义经济理性支配下的技术发展造成技术异化，所以，高兹把科学技术看作是资本家榨取剩余价值的手段，操纵科学技术的科技人员被高兹看作是资本的代理人，即使他们发现了同资本的矛盾，他们也不会同资本主义意识形态决裂。因此，高兹在这一时期将科技人员排除在"新工人阶级"外，高兹认为，技术人员虽然表面上进行着类似无产阶级反对等级制和权威的斗争，可他们斗争的目的与体力劳动者完全不同。高兹把他们称作是已被神秘化的工人，并认为维持这份神秘化的正是等级特权。

20 世纪 80 年代，高兹对革命主体的规划范围越来越小，巴黎"五月风暴"之后，高兹将科技人员排除在外，高兹甚至认为，正是科技的发展和产业结构的调整破坏了"科学社会主义"的双重基础，工人阶级不仅数量上在不断缩

---

① [美]戴维·佩珀. 生态社会主义：从深生态学到社会正义[M]. 刘颖，译. 济南：山东大学出版社，2012：284.

减，其在彻底的革命性上也受到了极大影响。当传统的工业劳动被后工业的和第三产业提供的就业岗位所取代时，就造成了工作不稳定性、缺乏发展前景，也就造成了工人阶级缺乏安全感、获得感和归属感。因此，无产阶级就不会产生对工作的认同和作为工人阶级的自我价值认同以及二者的统一，而是被动地、机械地、消极地从事工作，工作对于他们来说是外在的，阶级也是外在的。工人尽管会进行一些斗争，然而，这种斗争都局限在争取劳动条件改善上，也就不可能孕育出能够掌握经济权力、技术权力和政治权力的阶级力量，这就是高兹所分析的工人阶级的现状。所以，高兹强调，"资本主义的危机首先是无产阶级危机的反映，具有多重技术的工人——生产劳动的潜在主体，因此社会关系变革的潜在主体的消失也意味着能够负责社会主义目标并将它转变为现实的阶级的消失。从根本上讲，社会主义理论和实践衰退的根源就在这里"①。

既然革命的主体必需告别"无产阶级"，那么就必须重新寻找革命主体。高兹所认可的生态社会主义社会的革命主体应该是什么呢？高兹指出，"这个阶层的目的是废除工人和劳动而不是占有劳动，这预示着未来的世界。除了这个非阶级之外，劳动的废除不可能有其他的社会主体"②。高兹称之是"非工人—非阶级"的这一群体就成为他所认可的生态社会主义革命的主体力量。"非工人"是指他们在生产过程中的地位和作用与传统的工人阶级有不同的特点，"非阶级"是指它与任何特定社会集团、特定的生产方式、特定社会利益和特定的历史使命无关。因此，在高兹看来，"非工人—非阶级"代表了未被资本主义生产过程所同化，对现存资本主义社会制度及其生产方式持有否定态度，与传统工人阶级完全不同的各阶级，是社会主义运动的新的历史主体。新的历史主体的产生，要求革命领域应超越资本主义的生产领域，扩大到整个社会范围，从"生产革命"扩大到包括生态运动和妇女运动等"新社会运动"在内的"文化革命"，尤其是生态斗争，已成为目前形式下反对资本主义斗争

---

① Andre Gorz. Farewell to the Working Class: an Essay on Post-industrial socialism [M]. London: Pluto Press, 1982: 66.

② Andre Gorz. Farewell to the Working Class: an Essay on Post-industrial socialism [M]. London: Pluto Press, 1982: 7.

的重要方面。尽管高兹提出了"非工人—非阶级"的概念,也寄予厚望,但对于它能否承担起革命的重任仍提出一些前提要求,即必须实现"新社会运动"与"现代工人"以及无政治权利的、处境悲惨的无产阶级结成联盟。萨卡则将高兹的"新社会运动"称作"简单生活运动",认为有必要发起一场简单生活方式的运动,这种运动必须建立在生态观的基础之上。

"人类历史和自然界的历史无疑是处在一种辩证的相互作用关系之中"[①],当人类文明赖以依托的生态环境完全崩溃,人类文明就会走向终结。因此,为了人类文明的延续,仅仅是变革资本主义生产方式、致力于推翻资本主义制度的社会革命是远远不够的,资本主义在经济、政治和道德方面的不可持续要求同时进行一场生态革命。

第三节 西方生态社会主义对未来社会的构想

西方生态社会主义通过对资本主义与传统社会主义展开激烈的生态批判,发现了导致生态危机的经济、政治、文化诱因。在否定中寻找肯定,在批判中建构,进而形成了不同的生态社会主义思想。

一、生态社会主义的经济构想

西方生态社会主义对资本主义的生态批判集中在对资本主义的生产方式与生态环境之间的矛盾的分析,进而形成对资本逻辑逐利本性的批判。所以,在对未来社会的构想上,西方生态社会主义也重点对资本主义的经济模式进行生态重构。生态社会主义经济模式的构想是经历了阶段性的思考和变化的。伴随20世纪90年代生态社会主义思想走向成熟,西方生态社会主义对经济的构想也从稳态的、分散化经济走向对经济发展的可持续性的追求。

莱斯高度认同高兹倡导的生态理性的价值原则,希望能够解决人类需要

---

① [美]詹姆斯·奥康纳.自然的理由:生态学马克思主义研究[M].唐正东,臧佩洪,译.南京:南京大学出版社,2003:6.

的不断膨胀的问题。1976年,他的又一部力作——《满足的极限》正式出版,在这部著作中,莱斯对传统消费观念展开了激烈的批判。莱斯指出,当代西方社会之所以会产生不断膨胀的需要,在于资本主义国家及资本家"鼓励所有人把消费活动置于他们日常关注的中心位置,同时在每一个已获得消费水平上加强不满足的体验"[①],人们越来越把幸福感与获得更高水平的消费相联系,这就导致人们时刻处于不满足的状态,这种需要观对人类社会和自然界都会造成损害。为此,莱斯建立了一个能够评估这一损害的分析框架,说明了高集约度的市场布局下人类已经深陷消费泥潭,而能够引导人类走出消费泥潭的方式有很多,既有人自身消费观的转变,也有人寄希望于未来社会。因此,莱斯认为,未来社会应该是"较易生存的社会",也称作"守成社会"。在"守成社会"中,它本身并不是目的,而是一种看待社会的理论视角。在莱斯看来,建设"守成社会"的关键在于伦理和道德的进步,而不是科学和技术的革新,这是因为"伦理进步作为影响一切个人的普遍现象,是科学和技术革新的一个基本前提"[②],没有前者,后者就会自我毁灭。无论是重新阐释"控制自然"的观念,还是重新树立新的幸福观,都是在控制人的非理性和破坏性欲望。当伦理和道德实现进步,人们认识到人的满足最终要在生产活动中实现而不是消费活动时,人的物质需求将被重新评估,依赖商品交换获得满足的态度就会得到纠正,人造物在数量上和种类上大幅减少,由此实现人与自然的和谐统一。

经济社会发展是任何一种社会形态都十分关注的问题,如何平衡生态保护和经济发展二者的关系?在很多理论家那里,这是个"非此则彼"的命题,体现了形而上学的思维方式。莱斯认为,"守成社会"不以积累财富为价值追求,也同样不是让人们回到穷乡僻壤的艰苦环境之中。正如英国经济学家穆勒阐释他的"稳态经济"概念时谈到的那样,资本主义社会倡导的资本的增加、人口的增长和科技的改进都不必然使人幸福,资本和人口的静止状态也并不意味着人的进步的静止状态。莱斯的"守成社会"正是生态制约下人的需求的

---

① William Leiss. The Limits to Satisfaction [M]. Montreal: McGill—Queen's University Press, 1988: 100.

② [加]威廉·莱斯. 自然的控制[M]. 岳长龄,李建华,译. 重庆:重庆出版社,2007: 168.

第5章 西方生态社会主义对未来社会的构想

合理性反思的产物,生态理性取代经济理性的同时也要处理好生态系统和生产体系之间的关系。在经济增长与人的全面发展关系的观点上,莱斯与穆勒不谋而合,所以,莱斯将稳态经济视作是"守成社会"中实现高质量生活的有效途径。

阿格尔在吸收借鉴莱斯的生态社会主义社会经济构想和舒马赫主义的基础上,对资本主义经济发展模式和传统社会主义经济发展模式导致生态破坏乃至生态危机的弊端进行了解构和重构。阿格尔在经济层面则提出要发展"稳态"的社会主义经济模式,在阿格尔看来,这种"稳态"的经济发展模式需要通过技术(生产)的"分散化"和政治体制上的"非官僚化"来实现。具体来看,资本主义的生产规模的不断扩大和对消费的不断刺激,带来了生产与消费之间的此升彼涨,源源不断的生产及由此带来资源浪费和生态破坏的情况日益严重,是生产和消费之间产生扭曲的反映。因此,必须要有针对性地限制工业生产的增长和限制过度消费,而解决这一问题的办法就是通过技术(生产)的分散化降低生产率,引导适度消费。阿格尔认为可以运用"期望破灭了的辩证法"来证明生产分散化能够将人从过度消费中解放出来,并解释道:"这种辩证法指的是这样一种情况:即在工业繁荣的物质相对丰裕的时期,本以为可以真的源源不断提供商品的情况发生了危机,而这不管愿意与否都无疑将引起人们对满足方式在根本上重新进行评价。人们对发达工业社会可以源源不断提供给商品的能力的期望的破灭,最终会走向自己的对立面,即对人们在一个基本上不完全丰裕的世界上的满足前景进行评价。"[1]"期望破灭了的辩证法"有助于人们放下不切实际的幻想,重新恢复"自己的幸福与自我价值实现的劳动"以及"有益的消费"之间的良好联系,从而使人们形成"多少就是够了"的正确的消费观。[2]

阿格尔认为,"社会主义所有制必须被看作是由工人管理的(以及工业技

---

[1] [加]本·阿格尔. 西方马克思主义概论[M]. 慎之,等,译. 北京:中国人民大学出版社,1991:490.
[2] [加]本·阿格尔. 西方马克思主义概论[M]. 慎之,等,译. 北京:中国人民大学出版社,1991:497.

术分散化、最终非官僚化的)所有制"①。所以,在对生产"分散化"的可能性和可行性进行分析后,阿格尔又提出了能够与生产分散化相适应的社会政治体制。也就是说,"在资本主义的条件下,小规模技术意味着不仅要改组资本主义工业生产的技术过程,而且要改组那种社会制度的权利关系"②。这种社会政治体制,阿格尔称之为"非官僚化"。阿格尔对"非官僚化"的认可是从对韦伯官僚主义社会管理模式的批判展开的。阿格尔认为,从上而下的等级制,使得从上而下支配工业生产的做法并不是工业生产的必需条件,另一方面,工人劳动的高度破碎化也不是工业生产的必需条件。所以,官僚主义的社会管理模式在纯粹的生产过程中并没有存在的意义。总的来说,阿格尔认为,这种"特定形式的分散化和非官僚化的社会主义,将是培育新的生态意识的理想温床,这种生态意识的形成,既可以解决生态需要又可以反对我们称为异化消费的现象。"③针对莱斯、阿格尔所提出的对于生态社会主义经济发展模式的思考,高兹在遵循经济理性服从生态理性的前提下提出了"更少生产、更好生活"的经济模式。高兹呼吁较少浪费,例如不必要的包装,质量差的绝热材料和因轿车太多而拥挤不畅的公路交通。"更少生产、更好生活"所体现的生产与消费之间的内在逻辑正常化与奥康纳提出的"生产性正义"对使用价值取代交换价值的倡导,以及佩珀提出的"生产少些,但要好些"的观点不谋而合,都是要将人的需要、经济效益和生态可承受力相结合。

二、生态社会主义的政治构想

经济决定政治,政治也反作用于经济。虽然经济基础决定上层建筑,但是,在资本主义社会中,政治(以及上层建筑的其他部分)却表现为"通过维护自己的经济基础、破坏其他的经济基础,来促进或阻碍生产的发展。"④斯大林

---

① [加]本·阿格尔. 西方马克思主义概论[M]. 慎之,等译. 北京:中国人民大学出版社,1991:153.
② [加]本·阿格尔. 西方马克思主义概论[M]. 慎之,等译. 北京:中国人民大学出版社,1991:501.
③ [加]本·阿格尔. 西方马克思主义概论[M]. 慎之,等译. 北京:中国人民大学出版社,1991:509.
④ 齐振海、刘继岳. 论经济和政治的辩证关系[J]北京师范大学学报,1981(02):39.

第5章 西方生态社会主义对未来社会的构想

将其解释为:"基础创立上层建筑,就是要上层建筑为它服务,要上层建筑积极帮助它形成和巩固,要上层建筑为消灭已经过时的旧基础及其旧上层建筑而积极斗争。只要上层建筑拒绝这种服务作用,只要上层建筑从积极保卫自己基础的立场转到对自己基础漠不关心的立场,转到对各个阶级同等看待的立场,它就会丧失自己的本质,不再成为上层建筑了。"[1]经济与政治已经成为社会发展的两大基本面,所以,西方生态社会主义者在思考解决生态危机这一问题时,不仅考虑到资本的维度,也在寻求国家政权机制层面的改变。

奥康纳认为,在目前的政党及国家体制下,"环保组织要发展和成长,组织抗议活动并对政府施加压力,甚至连获取必要的基本信息都是十分困难的,而且常常是不可能的……工人、技术人员以及管理人员在中央计划机制中很少有或者根本没有任何权力。"[2]对于资本主义国家而言,他们不会公开他们是资本家代言人的身份,因为"假如一个国家公然凭借自身的强制性力量甚至不惜牺牲其他阶级的利益去帮助一个阶级进行资本积累,那么这个资本主义国家就会丧失其合法性"[3],这些国家的政党通过允诺充分就业和工作保障的做法就显得毫无意义了。所以,它总是向全世界宣布,自己是代表全体人民来行使自己的权力。但是,政府关于生态计划的那些粉饰之辞以及所谓的潜力与国家结构现实存在之间的鸿沟是无法解决现实存在的生态问题的。所以,在新社会运动的阶段,产生了三种解决策略,一种是无政府主义的策略,主张地方非权威主义;一种是努力改革自由民主国家,这是一些主流环保主义的观点和追求;一种是激进的策略,要求国家民主化,这是西方生态社会主义对此进行的激进回应。奥康纳对前两种解决策略分别予以批判,奥康纳认为,"如果没有国家、生产条件的供应以及两者之间的矛盾的理论,那么,任何一种关于资本主义积累的理论都具有令人遗憾的不完整性"[4]。对于第二种策略,奥康纳更加激烈地指出,"在如今的美国,民主正在受到攻击……在这

---

[1] 斯大林选集(下卷)[M]. 北京:人民出版社,1979:502-503.
[2] [美]詹姆斯·奥康纳. 自然的理由:生态学马克思主义研究[M]. 唐正东、臧佩洪译. 南京:南京大学出版社,2003:420.
[3] James O'Connor. The Fiscal Crisis of the State[J]. New York:ST. Martin's Press,1973:6.
[4] [美]詹姆斯·奥康纳. 自然的理由:生态学马克思主义研究[M]. 唐正东,臧佩洪,译. 南京:南京大学出版社,2003:487-488.

个国家中还能找到一个机构可以说它'变得比以往更民主了'吗?"①奥康纳认为,民主必须要经过一个深化过程,即在"工会、公共场所、社区中,尤其是在国家本身的管理机构中,民主必须有一种'深入的'发展"②。因此,奥康纳坚定认为,解决问题的关键就在于使国家民主化,使国家变得"更为反应灵敏和更为富有责任心"③。他特别强调要消除脑力劳动和体力劳动、思想与实践之间的差别,而且主张"劳工、女权主义、城市、环保以及其他运动迟早必须联合成一种统一力量,即民主力量"④,只有这样,才能发起一场新型斗争,才能有效打击自由主义国家中非民主的或自由放任的实质内容。

萨卡将未来社会视作一个进步的社会,而进步社会的一项重要标志就是人权的实现。"尽管早在1776年的《弗吉尼亚权利法案》的第一部分就已经宣布所有人天生是平等的、自由的、独立的、拥有某种与生俱来的权利……且在1948年联合国的《普遍人权宣言》中承认'与生俱来的尊严'和'人类家庭的所有成员的平等的、不可剥夺的权利',是'自由、正义和世界和平的基石'"⑤。实际上,经过200多年的发展,很多"民主国家"尽管口号响亮,却并未实现所有公民都能够平等享有的人权,最核心的经济平等权就一直难以实现。既然经历这么长时间还没有实现,那么只能证明人权和资本主义之间存在着矛盾。所以,萨卡认为,人权得到保障的前提是找到侵犯人权的根源并抑制他的作用,而无论是从西方"民主国家"内部还是对第三世界政权的控制,都使得资本主义制度成为侵犯人权的根源所在,在这样一个充满剥削与压迫,贫富差距悬殊,严重不平等的社会,中下层民众则不能平等地享有富人们同

---

① [美]詹姆斯·奥康纳.自然的理由:生态学马克思主义研究[M].唐正东,臧佩洪,译.南京:南京大学出版社,2003:490.
② [美]詹姆斯·奥康纳.自然的理由:生态学马克思主义研究[M].唐正东,臧佩洪,译.南京:南京大学出版社,2003:491.
③ [美]詹姆斯·奥康纳.自然的理由:生态学马克思主义研究[M].唐正东,臧佩洪,译.南京:南京大学出版社,2003:491.
④ [美]詹姆斯·奥康纳.自然的理由:生态学马克思主义研究[M].唐正东,臧佩洪,译.南京:南京大学出版社,2003:400.
⑤ [印]萨拉·萨卡.生态社会主义还是生态资本主义[M].张淑兰,译.济南:山东大学出版社,2012:245.

样的生活质量,最终结果只能导致社会的崩溃。[①] 在萨卡看来,只有生态社会主义社会的人们"才能够共担收益与风险,社会发展的物质和精神财富才能惠及到每一个人"[②]。

三、生态社会主义的文化构想

西方生态社会主义对生态社会主义的文化构想比较鲜见,"但是,一个理性的人不可能只关心经济"[③]。高兹、萨卡等学者对生态社会主义文化建设进行了一定程度的思考,证明文化领域的革命对经济领域的生态重建起到思想意识上的重要作用。

在高兹看来,资本逻辑已经超越生产领域并不断渗透到人类生产生活的各个领域,高兹对这种现象进行了具体描绘:"资本的专政不仅在财富的生产和支配上实行,而且以同等的力量在生产方式、消费模型,以及消费方式,劳动、思维、生活方式上面实行……这种专政既是经济的,同时又是政治的、文化的和心理的,它是总体的。"[④]针对整个人类社会面临的总体的、全面的危机,需要在人的思想意识层面上来一场彻底的"文化革命",这是相较于生产领域斗争的最具决定性的斗争方面。为此,高兹提出了一些思想观念上应该变革的重要内容,一方面,进行"生态重建"或者"生态现代化",不是盲目地否定一切经济发展,也并不意味着要完全推翻资本主义的现代化成果。一些资本主义经济发展已经形成的有益成果不应打上资本主义意识形态产物的标签予并以完全否定。另一方面,人们应该"逃脱经济理性的掌控,要认识到更多并不必然意味着更好,挣钱和消费更多并不意味着导致更好的生活"[⑤]。对此,高兹倡导通过文化教育和更多的相互交往使人们的精神世界和日常生活

---

① 王聪聪,萨拉·萨卡. 红绿政治新发展:激进绿色左翼的思考——萨拉·萨卡访谈录[J]. 中国地质大学学报(社会科学版),2014,14(06):108.

② 王聪聪,萨拉·萨卡. 红绿政治新发展:激进绿色左翼的思考——萨拉·萨卡访谈录[J]. 中国地质大学学报(社会科学版),2014,14(06):108.

③ [印]萨拉·萨卡. 生态社会主义还是生态资本主义[M]. 张淑兰,译. 济南:山东大学出版社,2012:245.

④ Andre Gorz. Strategy for Labour: A Radical Proposal[M]. Boston: Beacon Press, 1967:131-132.

⑤ Andre Gorz. Critique of Economic Reason[M]. London and New York: Verso, 1989:116.

充实起来，使人们能够脱离以计算和核算为核心的经济理性，从而实现真正的自由而全面的发展。奥康纳也同样强调了培育生态文化对于从思想根源上摒弃生态危机的重要意义，只有培育人们的生态意识和生态敏感性，才能彻底改变导致自然异化、人的异化以及劳动异化的传统思维。

萨卡运用了大量篇幅向我们展示他对生态社会主义文化的细致构想，包括生态社会主义社会的文化应该是什么，应该遵循什么样的律令原则以及如何实现等。萨卡在生态社会主义社会文化部分的开篇就直接表明，我们问题的根源在于我们的文化。"传统的文化和现代的工业资本主义的文化"不仅不能够解决生态危机，反而是导致生态危机的思想根源。[①] 萨卡以资本主义国家为例，假设美国人在今后20年里，放弃他们所热爱的一切原有生活习惯，转而走向生态环保的生活的话，那么"它将不再是'美国的'文化，而是一种新文化"[②]，解决我们所面临的生态问题一定离不开激烈的文化革命，文化革命最终的目的就是创造新的文化。新的文化不一定是也不需要是一种面向所有人的、单一的新文化，但也不可避免需要遵循一些共同的律令准则，其中最重要的就是生态律令，除此之外还有平等律令、必须允许其他物种生存并拥有充足的空间的律令等。在这些律令原则共同作用下的新文化是生态社会主义社会形成的前提基础，也充分展现了生态社会主义社会的本质内涵。

理想中的新文化的样态和它将起到的关键作用，已经唤起了西方生态社会主义对新文化样态的期待，而关键在于如何创造新的文化。对于这个关键性问题，萨卡予以了回应。萨卡认为，"无论我们怎么称呼它——文化态度的转变或新文化的创造——首先都必须改变价值观"[③]。面对价值优先性从物质主义向后物质主义的转变，人们对物质的追求不降反升，人们渴望越来越高级的物质生活，渴望享受越来越多的物质，所以，"一场沿着生态、团结和选

[①] [印]萨拉·萨卡. 生态社会主义还是生态资本主义[M]. 张淑兰，译. 济南：山东大学出版社，2012：281.
[②] [印]萨拉·萨卡. 生态社会主义还是生态资本主义[M]. 张淑兰，译. 济南：山东大学出版社，2012：281.
[③] [印]萨拉·萨卡. 生态社会主义还是生态资本主义[M]. 张淑兰，译. 济南：山东大学出版社，2012：283.

第5章　西方生态社会主义对未来社会的构想

择性方向的真正的价值观变革"①是亟须的，未来的生态社会主义社会将形成不以今天的繁荣为物质基础的价值观。然而，一些学者认为，生态社会主义社会代表着低水平的经济，也将直接影响生态社会主义的文化，使得生态社会主义的文化也是低水平和低层次的。萨卡强调，这种观点尽管有一些道理，可是文化"高度"的衡量标准不应该局限于艺术、文学、音乐、科学和哲学的成就。对此，萨卡也提出了几个评价文化水平或高度的新标准，"一个社会是否消除了剥削与压迫，是否依然在剥削其他民族，是否消灭了所有人的饥饿，是否把沉重的、令人不愉快的工作重担平等分配，是否废除了等级制，是否使经济和社会——政治组织做到了不需要等级制就能正常运转，最为重要的是，是否实现了社会与大自然的和谐共处。"②萨卡提出的这几个方面，既是现代社会所面临的实际问题，也是萨卡对未来理想社会的憧憬。对于萨卡来说，如果运用这些标准来衡量文化"高度"的话，那么既有的文化才是处于很低的档次的。

---

① [印]萨拉·萨卡. 生态社会主义还是生态资本主义[M]. 张淑兰, 译. 济南: 山东大学出版社, 2012: 284.
② [印]萨拉·萨卡. 生态社会主义还是生态资本主义[M]. 张淑兰, 译. 济南: 山东大学出版社, 2012: 288.

结　语

习近平总书记强调指出："当代世界马克思主义思潮，一个很重要的特点就是他们中很多人对资本主义结构性矛盾以及生产方式矛盾、阶级矛盾、社会矛盾等进行了批判性揭示，对资本主义危机、资本主义演进过程、资本主义新形态及本质进行了深入分析。这些观点有助于我们正确认识资本主义发展趋势和命运，准确把握当代资本主义新变化新特征，加深对当代资本主义变化趋势的理解。"[①]生态社会主义是活跃在当代世界社会主义运动中的重要力量，面对资本主义双重危机的不断加深和向世界蔓延，西方生态社会主义对资本主义展开激烈批判、对传统社会主义展开彻底反思。在这一过程中，西方生态社会主义者无比确信社会主义的本质就是生态社会主义，拥有良好的生态环境是社会主义建设的题中应有之义，生态社会主义社会承载着人们对未来社会的美好愿景。西方生态社会主义认为，生态社会主义既能够实现对当代人类发展需要的满足，也表现为对未来自然生态的人文关怀；生态社会主义不仅关注一国的环境议题，更是着眼于全球生态环境的保护……生态社会主义是未来人类社会的希望之光，它将由一国一地的一片星星之火在世界形成燎原之势。

尽管西方生态社会主义不断拓展了历史唯物主义的理论视域，不断开辟

---

① 习近平：深刻认识马克思主义时代意义和现实意义　继续推进马克思主义中国化时代化大众化[J].共产党员.2017(19)：4.

结　语

了资本主义生态危机分析的新视角，敏锐地洞察了当今世界资本主义经济危机的实质与未来理想社会的样态，在对当今资本主义社会的解构与对未来理想社会的建构中为我们坚定"两个必然"提供了一定的理论依据。但是，西方生态社会主义者忽视现实基础的理论构想仍具有一定的乌托邦色彩。

生态社会主义研究并不是一个新兴领域，也不是一个成熟的、边界清晰的领域。所以，在研究过程中首先要做的就是厘清其边界，这是本书首要突破的重难点。除此之外，对西方生态社会主义思想基础文本的逐个把握、不同代表人物观点梳理和整合，也是一项庞大而艰巨的工程。在此，特别感谢陈学明、郇庆治、王雨辰、刘仁胜等在生态学马克思主义领域和生态社会主义领域颇有影响力的学者和团队，他们对生态学马克思主义和生态社会主义经典著作的挖掘、翻译、研究和评述，形成了大量丰富的、权威的、整体性的研究成果，为本书的研究提供了翔实可靠的基础材料，他们深厚的学术功底与严谨的研究态度体现在他们的学术成果中，让我备受鼓舞。当然，还有许多在该领域颇有造诣的学者，他们未必从整体上对生态社会主义思想进行把握，但他们或是对某一位生态社会主义者的总体思想展开研究，或是对某一位生态社会主义学者的部分思想观点进行深入耕耘，或是对几位生态社会主义者思想的比较分析，角度各异，精神纷呈，为本书提供了丰富的理论视角。正是在如此丰厚的前期研究成果的基础上，我才能形成对西方生态社会主义领域的初步认识和再探索。

本书试图从整体上把握西方生态社会主义思想，形成该领域研究的新架构，也试图厘清这一领域既往存在的边界问题。可是，对该领域的整体性把握本身就是学界比较关注的，既需要对西方生态社会主义发展脉络予以总体的把握，又要对富有代表性的西方生态社会主义者的生态社会主义思想有着具体而深入的理解，十分具有挑战性。在此，特别感谢我的恩师贾中海教授的悉心指导；感谢我的爱人杨光强先生的鼎力支持；感谢我的儿子杨东晔同学在这一路上陪伴我一同成长，让我争做榜样，不曾松懈；还要诚挚地感谢吉林大学出版社的编审黄国彬老师为本书顺利出版的辛苦付出。

如今，全书付梓，欣喜之余，又深知学术研究永无止境，我会继续在生态社会主义研究领域努力钻研，不断审视、发掘该领域问题研究的当代价值。

陶美庆

2023 年秋于江城吉林

参考文献

一、著作类

[1]马克思恩格斯全集(第21卷)[M].北京：人民出版社，2003.

[2]马克思恩格斯全集(第25卷)[M].北京：人民出版社，1974.

[3]马克思恩格斯全集(第27卷)[M].北京：人民出版社 1972.

[4]马克思恩格斯全集(第46卷)[M]北京：人民出版社，2003.

[5]马克思恩格斯选集(第1-4卷)[M].北京：人民出版社，2012.

[6]马克思恩格斯文集(第1-10卷)[M].北京：人民出版社，2009.

[7]列宁全集(第2卷)[M]北京：人民出版社，2017.

[8]毛泽东选集(第二卷)[M].北京：人民出版社，1991.

[9]斯大林选集(下卷)[M].北京：人民出版社，1979.

[10]中华人民共和国国务院新闻办公室.新时代的中国绿色发展[M].北京：人民出版社，2023.

[11]中华人民共和国国民经济和社会发展第十四个五年规划和2035年远景目标纲要[M].北京：人民出版社，2021.

[12]中共中央政策研究室.习近平关于社会主义生态文明建设论述摘编[M].北京：中央文献出版社，2017.

[13][美]H.马尔库塞，等.工业社会和新左派[M].任立编，译.北京：商务印书馆，1982.

[14][美]德内拉·梅多斯，乔根·兰德斯，丹尼斯·梅多斯.增长极限[M].李涛，王智勇，译.北京：机械工业出版社，2023.

[15][美]丹尼斯·米都斯等. 增长极限——罗马俱乐部关于人类困境的报告[M]. 李宝恒, 译. 长春: 吉林人民出版社, 1997.

[16][英]马尔萨斯. 人口原理[M]. 朱泱, 胡企林, 朱和中, 译. 北京: 商务印书馆, 1992.

[17][英]阿诺德·汤因比. 历史研究[M]. 郭小凌, 王皖强, 等译, 上海人民出版社, 2016.

[18][澳]罗宾·艾克斯利. 绿色国家: 重思民主与主权[M]. 郇庆治, 译, 济南: 山东大学出版社, 2012.

[19][美]阿尔弗雷德·克罗斯比. 生态帝国主义: 欧洲的生物扩张, 900-1900[M]. 张谡过, 译. 北京: 商务印书馆, 2017.

[20][美]赫尔曼·E.戴利, 肯尼恩·N.汤森. 珍惜地球——经济学、生态学、伦理学[M]. 马杰, 钟斌, 朱又红, 译. 北京: 商务印书馆, 2001.

[21][美]艾里希·弗洛姆. 健全的社会[M]. 孙恺祥, 译. 上海: 上海译文出版社, 2018.

[22][美]默里·布克金. 自由生态学: 等级制的出现与消解[M]. 郇庆治, 译. 济南: 山东大学出版社, 2012.

[23][加]威廉·莱斯. 自然的控制[J]. 岳长龄, 李建华, 译. 重庆: 重庆出版社, 1993.

[24][加]本·阿格尔. 西方马克思主义概论[M]. 北京: 中国人民大学出版社, 1991.

[25][法]安德烈·高兹. 资本主义, 社会主义, 生态——迷失与方向[M]. 彭姝祎, 译. 北京: 商务印书馆, 2018.

[26][美]詹姆斯·奥康纳. 自然的理由: 生态学马克思主义研究[M]. 唐正东, 臧佩洪, 译. 南京: 南京大学出版社, 2003.

[27][英]戴维·佩珀. 生态社会主义: 从深生态学到社会正义[M]. 刘颖, 译. 济南: 山东大学出版社, 2012.

[28][美]约翰·贝拉米·福斯特. 生态危机与资本主义[M], 耿建新, 宋兴无, 译. 上海: 上海译文出版社, 2006.

[29][美]约翰·贝拉米·福斯特. 马克思的生态学——唯物主义与自然[M]. 北京: 高等教育出版社, 2006.

[30][英]特德·本顿. 生态马克思主义[M]. 曹荣湘, 李继龙, 译. 北京: 社会科学文献出版社, 2013.

[31][印]萨拉·萨卡. 生态社会主义还是生态资本主义[M]. 张淑兰, 译. 济南: 山东大学出版社, 2012.

[32][美]乔尔·科威尔：自然的敌人：资本主义的终结还是世界的毁灭？[M].杨燕飞，冯春涌，译.北京：中国人民大学出版社，2015.

[33][日]斋藤幸平.人类世的"资本论"[M].王盈，译.上海：上海译文出版社，2023.

[34][美]查尔斯·蒂利.社会运动，1978—2004[M].胡位钧，译.上海：上海人民出版社，2009.

[35]徐崇温."西方马克思主义"论丛[M].重庆：重庆出版社，1989.

[36]俞吾金，陈学明.当代国外马克思主义哲学流派新编[M].上海：复旦大学出版社，2002.

[37]郇庆治.重建现代文明的根基——生态社会主义研究[M].北京：北京大学出版社，2010.

[38]王雨辰.生态批判与绿色乌托邦：生态学马克思主义理论研究（修订本）[M].北京：北京师范大学出版社，2021.

[39]王雨辰.生态社会主义与生态文明研究[M].北京：人民出版社，2015.

[40]王雨辰.生态社会主义与后发国家生态文明理论研究[M].北京：人民出版社，2017.

[41]王雨辰.生态批判与绿色乌托邦——生态学马克思主义理论研究[M].北京：人民出版社，2009.

[42]刘仁胜.生态马克思主义概论[M].北京：中央编译出版社，2007.

[43]吴宁.生态学马克思主义思想简论[M].北京：中国环境出版社，2015.

[44]刘旭.中国生态文明理论与实践[M].北京：科学出版社，2022.

[45]陈永森，蔡华杰.人的解放与自然的解放——生态社会主义研究[M].北京：学习出版社．2015

[46]解保军.马克思生态思想研究[M]，北京：中央编译出版社，2019.

[47]解保军.生态资本主义批判[M]，北京：中国环境出版社，2015.

[48]解保军.生态社会主义名著导读[M]，哈尔滨：哈尔滨工业大学出版社，2014.

[49]蔡华杰.另一个世界可能吗？当代生态社会主义研究[M].北京：社会科学文献出版社，2014.

[50]时青昊.20世纪90年代以后的生态社会主义[M].上海：上海人民出版社，2009.

[51]张夺.生态社会主义自然观与生态文明理念研究[M].北京：人民出版社，2021.

[52]徐再荣，张蒨．环境史的理论与实践．世界环境史研究讲演录[M].北京：商务印书馆，2021.

[53]臧立.马克思恩格斯论环境[M].北京：中国环境科学出版社，2003.

[54]洪大用，马国栋. 生态现代化与文明转型[M]. 北京：中国人民大学出版社，2014.

[55]万希平. 生态马克思主义理论研究[M]. 天津：天津人民出版社，2014.

[56]冯旺舟. 资本批判与希望的乌托邦——安德烈·高兹的资本主义批判理论研究[M]. 北京：人民出版社，2017.

[57]张剑. 马克思主义视域中的生态社会主义[M]. 北京：中国社会科学出版社，2019.

[58] Saral Sarkar. Eco-socialism or Eco-Capitalism [M]. London and New York：Zed Books，1999.

[59] Saral Sarkar. The Crisesof Capitalism A Different Study of Political Economy [M]. Berkeley：Counterpoint，2012.

[60] DavidPepper. Eco-SocialismFrom Deep Ecology To Social Justice [M]. London：Routledge，1993.

[61] James O'Connor. NaturalCauses：Essays in Ecological Marxism[M]. New York：The Guilford Press，2003.

[62] John Bellamy Foster. The Vulnerable Planet：A short Economic History the Environment [M]. New York：MonthlyReview，1999.

[63] Andre Gorz. Capitalism, Socialism, Ecology [M]. London and New York：Verso，1994.

[64]Andre Gorz. Critique of Economic Reason[M]. London and New York：Verso，1989.

[65]Joel Kovel. The Enemy of Nature：The End of Capitalism or the End of the World[M]. London：Zed Books Ltd.，2007.

二、期刊类

[1]习近平：深刻认识马克思主义时代意义和现实意义 继续推进马克思主义中国化时代化大众化[J]. 共产党员. 2017(19)：4.

[2][印]萨拉·萨卡. 生态资本主义的幻象[J]. 申森，译. 鄱阳湖学刊，2014(01).

[3][印]萨卡. 两种不同的人口危机：生态社会主义视角[J]. 申森，译. 国外理论动态，2014(02).

[4][印]萨拉·萨卡. 当代资本主义危机的政治生态学批判[J]. 申森，译. 国外理论动态，2013(02).

[5][印]萨拉·萨卡，布鲁诺·科恩. 生态社会主义还是野蛮堕落？——一种对资本主义的新批判[J]. 陈慧，林震，译. 马克思主义与现实，2011(03).

[6][印]萨拉·萨卡.当今世界经济危机:一种生态社会主义分析[J].杜兴军,译.北大马克思主义研究,2011(00).

[7][印]萨拉·萨卡.资本主义还是生态社会主义——可持续社会的路径选择[J].郇庆治,译.绿叶,2008(06).

[8][西]马克西·涅托.市场社会主义理论的一个评论性考察[J].范连颖,译.世界社会主义研究,2022(02).

[9][英]大卫·莱恩.新自由主义、市场社会主义与后资本主义[J].黄斐编,译.国外社会科学,2017(03).

[10]金瑶梅,张金诺.西方市场社会主义的历史传统、发展演变及其创新意蕴[J].国外社会科学前沿,2022(10).

[11]王聪聪,萨拉·萨卡.红绿政治新发展:激进绿色左翼的思考——萨拉·萨卡访谈录[J].中国地质大学学报(社会科学版),2014(06).

[12]张永刚,钟明华.萨拉·萨卡生态社会主义的伦理诉求[J].教学与研究,2013(07).

[13]周家华.生态危机的解决之道:萨拉·萨卡可持续的生态社会主义理论[J].求索,2014(11).

[14]彭军国,王桂艳.生态社会主义抑或生态资本主义?——萨拉·萨卡生态正义观述评[J].国外社会科学,2017(01).

[15]陈雪,潘金刚.新常态下的生态文明建设——读《生态社会主义还是生态资本主义》[J].南京航空航天大学学报(社会科学版),2016(04).

[16]廖小明.萨拉·萨卡激进生态社会主义及其对中国生态文明建设的启示[J].国外社会科学,2015(01)

[17]李娟.萨卡基于"增长极限"范式的生态危机批判述评[J].科学社会主义,2014(03).

[18]马强强,赵玲.增长极限范式与可持续社会的创建——萨拉萨卡激进的生态社会主义思想探析[J].广西社会科学,2013(09).

[19]徐春.萨拉·萨卡生态社会主义思想的中国价值[J].岭南学刊,2011(01).

[20]郇庆治.马克思主义生态学导论[J].鄱阳湖学刊,2021(04).

[21]郇庆治.欧美生态社会主义学派视域下的生态经济:学术文献史的视角[J].山东大学学报(哲学社会科学版),2021(04).

[22]郇庆治,刘琦.人疫情后社会主义生态文明建设的愿景、进阶难题及其挑战[J].中国地质大学学报(社会科学版),2021(03).

[23]郇庆治."十四五"时期生态文明建设的新使命[J].人民论坛,2020(31).

[24]郇庆治. 生态文明建设与可持续发展的融通互鉴[J]. 可持续发展经济导刊, 2020(Z1).

[25]郇庆治. 作为一种转型政治的"社会主义生态文明"[J]. 马克思主义与现实, 2019(02).

[26]郇庆治. 生态新人[J]. 绿色中国, 2019(01).

[27]郇庆治. 21世纪以来的西方生态资本主义理论[J]. 马克思主义与现实, 2013(2).

[28]王雨辰, 夏襄君. 论生态社会主义的生态批判理论及其当代价值[J]. 东岳论丛, 2022, (01).

[29]王雨辰, 卢斌典. 生态社会主义研究的三个维度与社会主义生态文明理论研究[J]. 求是学刊, 2021(06).

[30]王雨辰. 生态社会主义的探索与中国生态文明理论研究[J]. 鄱阳湖学刊, 2018(04).

[31]王雨辰, 吴燕妮. 生态社会主义对生态价值观的重构[J]. 吉首大学学报(社会科学版), 2017(02).

[32]王雨辰, 黄小妹, 论生态社会主义与后发国家的生态文明理论[J]. 学习与探索, 2015(10).

[33]陈学明. 马克思主义与生态文明建设[J]. 新华文摘, 2010(10).

[34]陈永森. 生态社会主义与中国生态文明建设[J]. 思想理论教育, 2014(04).

[35]陈培永. 论生态学马克思主义生态正义论的建构[J]. 华中科技大学学报(社会科学版). 2010, 24(01): 32.

[36]蔡华杰. "第一时代"社会主义的生态环境问题——西方生态社会主义者的先行研究[J]. 西南交通大学学报(社会科学版), 2013(02).

[37]蔡华杰. 人口是环境破坏的原因吗？——评生态社会主义内部的一场论辩[J]. 华中科技大学学报(社会科学版), 2011(06).

[38]蔡华杰. 只有重构社会主义才能克服生态危机——萨拉·萨卡的生态社会主义思想论析[J]. 中国地质大学学报, 2010(05).

[39]蔡华杰. 论生态社会主义对生态资本主义的批判[J]. 延边大学学报(社会科学版), 2013, 46(1).

[40]姜佑福. 生态社会主义的两种基本面相及其内. 在理论张力[J]. 马克思主义与现实, 2010(6).

[41]余科杰. "绿色政治"与苏联解体[J]. 当代世界社会主义问题. 2005(03)

[42]王子坤. 生态社会主义何以可能[J]. 成都大学学报, 2003(04).

[43]彭天杰. 苏联生态环境的保护与研究[J]. 环境科学丛刊, 1989(05).

[44]孙声. 生态环境与苏联政治[J]. 苏联东欧问题, 1991(02).

[45]康瑞华，宋萌荣，陈丽华.资源生态环境视阈下的苏联模式[J].当代世界与社会主义，2010(05).

[46]康瑞华，宋萌荣.20世纪60—80年代苏联解决生态环境问题的政策评析[J].社会主义研究，2012(01).

[47]宋萌荣，康瑞华.苏联环境政策失败的教训及其对中国的启示[J].科学社会主义，2011(04).

[48]杨俊明.道德沦丧与罗马帝国的衰亡[J].史学理论研究，2013(04)：75.

[49]齐振海，刘继岳.论经济和政治的辩证关系[J]北京师范大学学报，1981(02).

[50]赵海燕.远东和西伯利亚的核污染问题[J].西伯利亚研究，1995，22(02)

[51]翼翔.苏联经济发展中的环境污染问题[J].世界经济，1986(04).

[52]邱蔚芳.苏联100多个城市空气污染严重[J].今日苏联东欧，1989(06).

[53]李国锋.萨拉·萨卡生态社会主义思想研究[D].济南：山东师范大学，2016.

[54]张可.生态学批判与生态社会主义构建 ——萨拉·萨卡生态社会主义思想研究[D].长春：吉林大学，2020.

[55]蔡华杰.当代生态社会主义发展观研究[D].福州：福建师范大学，2013.

[56]唐超.当代西方生态社会主义思想研究[D].上海：复旦大学，2013.

[57]刘亚迪.马克思主义视域下萨拉·萨卡生态社会主义人口思想研究[D].长春：吉林大学，2021.

[58]孙留平.萨拉·萨卡"增长极限"范式研究[D].济南：山东师范大学，2019.

[59]李思思.生态社会主义对苏联模式的生态批判[D].哈尔滨：哈尔滨工业大学，2018.

[60]欧阳梓薇.萨拉·萨卡生态社会主义研究 ——《生态社会主义还是生态资本主义》的解读[D].武汉：华中师范大学，2018.

[61]徐志侠.河道与湖泊生态需水研究[D].河海大学，2004.